Internet para todos

actualizado

Jaime A. Restrepo

RANDOM HOUSE ESPAÑOL
NUEVA YORK

Publicado por Random House Español, una división del Random House Information Group, 280 Park Avenue, New York, NY 10017, EE.UU., y afiliada del Random House Company. Fue publicado por primera vez en 1999 por la casa editorial Random House, Inc. Copyright © 1999 por Jaime Restrepo.

Random House, Inc., Nueva York; Toronto; Londres; Sydney; Auckland.

www.rhespanol.com

RANDOM HOUSE ESPAÑOL y su colofón son marcas registradas del Random House Information Group.

Edición a cargo de Richard Goodman

Diseño de la cubierta por Sophie Chin

ISBN 0-375-71965-2

Segunda edición

Impreso en los Estados Unidos de América

10 9 8 7 6 5 4 3 2 1

Contenido

3. Los navegadores   39

7. El correo electrónico

8. Las páginas personales   191

Dedicatoria

Este libro quiero dedicarlo muy especialmente a la memoria de mi hermano Germán Felipe Restrepo Jaramillo, quien fuera siempre para mí no sólo un hermano, sino también un amigo, y una fuente constante de apoyo e inspiración.

A mi esposa Sara Sánchez y a mi hija Sara Andrea Restrepo Sánchez que han tenido que padecer el estrés y los horarios interminables en este largo y fatigante proceso de creación, en el cual el Internet se convirtió por fuerza en el compañero inseparable de mi vida.

A mi madre Amparo Jaramillo-Restrepo quien estuvo presente hasta el último momento en el proceso de corrección.

A los inmigrantes latinoamericanos que llegan a este país en busca de un sueño, y que descubren que la educación es la única forma de lograrlo. Con la esperanza de que este libro, *Internet para todos,* sea una herramienta de apoyo para ayudarles en su difícil peregrinaje por un país y una cultura nueva.

Prólogo

A través de las páginas de este libro, su autor, Jaime Restrepo, nos muestra paso a paso, en una forma muy didáctica, cómo navegar en la red mundial de computadoras de una manera tan fácil y útil: como una visita a su librería local.

El Internet, que con todas sus siglas y términos parece a veces casi imposible de utilizar a las personas para quienes esta tecnología es desconocida, cobra vida en el libro del Señor Restrepo con el uso de diagramas y explicaciones que el lector puede usar simplemente haciendo clic sobre ellas para acceder a todos los recursos disponibles en el Internet.

La verdad es que las personas como usted y yo nos sentimos a veces atónitas ante esta red interconectada de computadoras. Pero el Internet es solamente un invento, el más completo y revolucionario sistema de comunicación y transmisión de ideas descubierto por el hombre. Los aventureros que navegan en la red mundial de información pueden ser comparados a los quipu, aquellos legendarios correos que transmitían la información a través del imperio Inca en los Andes de la América del Sur, o con los habitantes de las islas Canarias, quienes inventaron hace siglos un lenguaje a base de silbidos para comunicarse entre las montañas de esas islas españolas. Todos ellos buscaban lo que el Internet ha conseguido hoy en día: el intercambio de mensajes e información a través de la distancia.

Por medio de este libro, *Internet para todos,* escrito en español, aprenderá usted a comunicarse con el resto del mundo, en todos los puntos cardinales del planeta, y a utilizar esta novedosa tecnología que está cambiando el mundo de los negocios y las relaciones humanas en la misma forma que lo hicieron en su tiempo el teléfono, el telégrafo, el radio o la televisión, los cuales fueron mirados al principio como inventos curiosos para unos cuantos espíritus excéntricos y se convirtieron rápidamente en herramientas al alcance de todos, hasta el punto de que hoy en día son más numerosas las viviendas con receptores de televisión que aquellas con agua corriente.

Con *Internet para todos,* dar el primer paso para adentrarse en el mundo de las computadoras no es mas difícil que aprender a montar en bicicleta. Una vez que usted pierda el temor inicial a usarlo, el maravilloso universo del Internet estará a su alcance.

Enrique Gonzales
Director de Hispanic Online

Palabras del autor

He aquí mi segundo libro de computadoras. Su objetivo principal es introducir a mis lectores al sorprendente mundo del Internet, ese revolucionario medio de comunicación que está cambiando por completo la civilización moderna. Este libro está escrito, como el primero, en español, con el fin de que las personas que no dominen el inglés, y prefieran utilizar nuestro idioma, puedan usar mejor esta nueva tecnología.

El Internet es tal vez una de las palabras de más uso en casi todas las conversaciones que tienen que ver con computadoras hoy en día. Cuando hablamos de él nos referimos al sistema que ha permitido en los últimos años entrelazar entre sí toda clase de computadoras alrededor del mundo, de uno a otro lado del planeta, utilizando para ello las líneas de teléfono o, en el caso de centros de investigación cuyas terminales estén muy cerca, por medio de diferentes tipos de cables (como los de fibra óptica).

El milagro del Internet es que ha conseguido unir no sólo a gente de diferentes países, sino de diferentes razas y culturas. El Internet es hoy en día patrimonio de la humanidad, y representa el medio de comunicación por excelencia, lo mismo si es usted un científico, un hombre de negocios en busca de información, un abuelo que quiere comunicarse con sus nietos en Alaska o la Argentina, o un hombre enamorado que envía poemas y cartas de amor desde Buenos Aires a Bogotá.

Usando este libro aprenderá a buscar información en el Internet, y cómo utilizarla de una manera útil y productiva.

A aquéllos que apenas están empezando en este mundo de las computadoras. les recomiendo que también consigan mis otros libros. Estos son los otros libros que he tenido la oportunidad de escribir:

Windows 98/Me para todos

Este libro cubre todos los aspectos del uso de Windows 98 y Windows Me. Estos son algunos de los temas que se tratan en este libro:

- Cómo usar los diferentes componentes de Windows 98/Me.
- Cómo trabajar con archivos y programas.
- Cómo trabajar con redes locales o los LAN.

Computadoras para todos

Usándolo aprenderá a:

- Cómo reconocer los componentes más importantes de una computadora personal.
- Cómo usar los diferentes tipos y tamaños de letra.
- Cómo usar Word, PowerPoint y Excel de Microsoft.

Estos libros se pueden conseguir por los mismos medios que consiguió este libro o en Waldenbooks, Barnes & Noble o librerias locales. También pueden adquirirse en el Internet en la dirección www.amazon.com.

—Jaime A. Restrepo
http://www.internetparatodos.com

Cómo usar este libro

Este libro fue diseñado para personas interesadas en utilizar esta nueva tecnología llamada el Internet, sin necesidad de tener que aprender todos los detalles relacionados con ella.

La primera frase que escuchamos cuando alguien habla del Internet es "navegar en el Internet". Nadie sabe a ciencia cierta de dónde salió ese término, pero significa, como su nombre lo indica, moverse en el Internet como en un inmenso mar de información. Y ahí, por supuesto, es donde empiezan a trabajar los programas que llamamos navegadores.

Es importante señalar que en este libro sólo tocaremos las funciones básicas de los dos navegadores más importantes, es decir Internet Explorer y Netscape. Sobre cada uno de estos navegadores se podría escribir un libro completo, pero aquí sólo verá instrucciones sobre las situaciones más frecuentes que pueden surgir mientras usa uno de estos dos excelentes programas.

A través del libro usted encontrará varios ejemplos que se pueden seguir usando ambos navegadores; ésto lo hice a propósito para no dar la sensación de que prefiero a uno más que al otro.

También encontrará información acerca de cómo entrar al Internet y cómo usar el correo electrónico usando los tres servicios en línea mas populares, America Online, Yahoo y MSN (The Microsoft Network). Tampoco en este caso puedo recomendar determinado servicio en línea con mayor seguridad que otro, pues es posible que la calidad del servicio varíe dependiendo de la localidad en donde usted vive y sus condiciones particulares. La mejor manera de hacer una buena elección es hablar con sus parientes y allegados para aprender de sus experiencias con los diferentes servicios en línea.

Estos son algunos de los símbolos que verá a través del libro y lo que significan:

 Este es el símbolo de Internet Explorer 5.0.

 Este es el símbolo de Netscape Comunicator 5.0.

 Cuando vea este símbolo, establezca una conexión al Internet.

 Cuando vea este símbolo, deténgase y lea las advertencias que están al lado del símbolo.

 Los textos escritos al lado de este símbolo contienen información complementaria muy útil acerca de cómo usar el Internet.

 Este símbolo le llama la atención acerca de información muy importante que puede servirle para resolver un problema o una pregunta que tenga sobre el tema anterior.

A través de este libro encontrará muchos ejemplos basados en los diferentes servicios en línea: America Online y MSN.

Por el hecho de que el software que estos servicios utilizan está cambiando rápidamente, es posible que la pantalla que usted vea cuando abra su computadora sea diferente al ejemplo que está en el libro.

Recuerde que si la computadora le avisa que hay un error cuando trata de buscar una dirección virtual sacada del capítulo de direcciones virtuales, puede ser debido al hecho de que ésta cambió de lugar. El Internet, como ya dijimos, cambia mucho; no es lo mismo, por supuesto, que comprar un mapa de su ciudad y mirarlo un par de meses después para comprobar que muy poco ha cambiado. En el Internet, el servidor Web que encontró ayer puede estar fuera de servicio hoy.

Cómo usar el indicador

El indicador es una de las herramientas más útiles para usar el sistema operativo de Microsoft Windows; éste funciona de la misma manera cuando usa un navegador que cuando usa todos los demás programas para Windows.

A través de este libro, si usará el indicador muy frecuentemente; ésta es la gran ventaja de los sistemas operativos gráficos.

La gráfica anterior le ayudará a aprender a usar el indicador.

A Este es el botón izquierdo: cuando a través del libro lea "haga clic", coloque el indicador (este aparece como una flecha en la pantalla cuando mueve el indicador) sobre la gráfica que corresponde a la acción que desea seguir y pulse este botón una vez. Si ve una instrucción a hacer "doble clic", coloque el indicador sobre la gráfica que corresponde a la acción que desea seguir y pulse el botón izquierdo rápidamente dos veces, sin soltar el dedo del botón.

B Este es el botón derecho y cada día tiene más usos en aplicaciones para Windows. Por ejemplo, en un navegador se pueden efectuar muchas funciones pulsando este botón.

El navegador de sistema o "default"

Si tiene dos navegadores instalados en su computadora, puede ver uno de los mensajes de abajo muy a menudo.

La siguiente gráfica muestra dos mensajes: el primero es de Netscape Communicator 4.0 y el segundo de Internet Explorer 5.0.

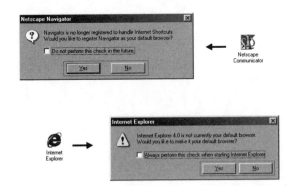

Si tiene dos navegadores instalados en su computadora y desea cambiar el navegador de sistema más tarde, lo puede hacer de la siguiente manera: cuando abra el navegador que no es el de sistema y éste le presente este recuadro, elija "Yes".

También es importante recordar que algunos de los términos que uso en este libro no son excluyentes. Es decir que si por ejemplo, en el lugar donde trabaja todo el mundo insiste en llamar un disco flexible "el disco duro" es más fácil seguir a los demás que tratar de hacerlos cambiar de opinión.

Introducción al Internet

El Internet

El Internet es tal vez una de las palabras de más uso en casi todas las conversaciones que tienen que ver con computadoras hoy en día. Esta palabra se refiere al sistema de interconexión de computadoras que se ha venido efectuando durante los últimos años alrededor del mundo a través de líneas de teléfono, o cables de fibra óptica. Este sistema, que ha causado una verdadera revolución en las comunicaciones mundiales, funciona casi de la misma manera que una red de computadoras local (LAN), con la diferencia de que el Internet opera a nivel mundial.

Si a veces ha tenido usted una pregunta acerca del Internet y no ha podido encontrar la respuesta a ella, recuerde lo siguiente:

- El Internet no le pertenece a ningún gobierno ni persona en particular.
- Las líneas de teléfono usadas para llevar la información pertenecen a su compañía local, o a una internacional, como por ejemplo AT&T. Pero no por esta razón se considera que estas compañías sean las dueñas de el Internet.
- La mayoría de la información en el Internet es gratuita; si alguien le quiere cobrar por la información, trate de buscar un servidor Web que no le cobre.
- El Internet está regulado por una asociación que también decide la asignación de Territorios Virtuales ("Domain Names"), como por ejemplo "IBM.com".

Hoy en día la gran mayoría de las compañías que pretenden hacer negocios alrededor del mundo tienen una presencia en el Internet. Desde bancos hasta floristerías, las personas de negocios se afanan por colocar el nombre de sus compañías en una Página Principal ("Home Page").

Breve historia del Internet

El Internet tuvo sus comienzos en un proyecto del Ministerio de Defensa de los Estados Unidos en 1969 para crear una red de computadoras que no tuviera un sólo punto de falla en el caso de un ataque nuclear. A esta red de computadoras se la llamó "ARPA-Net". Fue la precursora del Internet y a través de los años entidades y personas en diferentes países fueron conectándose a esta red que hoy conocemos como Internet.

Al principio esta tecnología nueva llamada el Internet solo fue usada por un número limitado de investigadores en sus sitios de trabajo como medio ideal para intercambiar ideas con sus colegas.

El Internet comenzó su auge en 1987, cuando gracias a un protocolo llamado TCP/IP, la Fundación Nacional de Ciencias de los Estados Unidos permitió que muchas universidades y compañías se conectaran a sus super-computadoras.

Al principio usar el Internet era una hazaña de las comunicaciones debido a la baja velocidad de los módem (los dispositivos electrónicos que convierten la información de las computadoras en información que pueda ser enviada por la línea de teléfono y viceversa). Al principio sólamente podían enviar y recibir menos de una página de texto por segundo. Hoy en día, los módem pueden enviar cerca de 500 páginas por minuto.

La cantidad de usuarios que tiene actualmente el Internet ha permitido que compañías de mucho prestigio, como AT&T, se comprometan a mejorar las vías por las cuales circula la mayoría de la información que se puede enviar por el Internet.

Efectivamente, apenas a las puertas del siglo XXI, millones de usuarios alrededor del mundo se conectan al Internet en busca de trabajo, educación o simplemente pasatiempo.

El éxito del Internet ha sido tan extraordinario que en menos de cuatro años, después de la salida al mercado de un obscuro producto para usar el Internet el precursor de todos los navegadores, llamado "Mosaic", existen hoy en día más de 30 millones de usuarios de Internet que usan Netscape o Internet Explorer.

El protocolo TCP/IP

En una sociedad ideal todos suspiramos por el día en que los individuos puedar disfrutar de una mayor libertad para pensar y
comunicarse entre sí, a pesar de sus diferencias de idioma y de cultura. En el mundo de las computadoras sucede otro tanto, ya que
un sistema ideal debe ser capaz de comunicarse con otro, aunque
sea de diferente plataforma (por ejemplo, UNIX™, Macintosh y
PC).

Al principio de los años 80, un proyecto del Centro Europeo de
Alta Energía (CERN) se avocóa resolver este problema, conectando
diferentes computadoras con distintos sistemas operativos por
medio de un protocolo llamado TCP/IP ("Transfer Control
Protocol/Internet Protocol").

Un protocolo, como TCP/IP, funciona de la siguiente manera:
imagine usted una ciudad donde existe gente de muchos países.
Entonces, adoptar una regla de oro: no importa de qué país ven-
gan, o qué idioma hablen; cuando se acerquen a la casa de el señor
Sánchez deben tocar la puerta de la misma manera e identificarse
ante él con un número único.

Por este motivo, se creó el TCP/IP, protocolo de comunicaciones
usado en el Internet. Sin él, las comunicaciones entre tantas computadoras diferentes serían tan difíciles como el problema de las
lenguas que existió en la Torre de Babel. A este protocolo se le
debe que el Internet sea uno de los medios de intercambio de
información más importantes.

TCP/IP facilita el que computadoras
conectadas al Internet en diferentes
partes del mundo puedan
intercambiar información con la
misma facilidad que computadoras
conectadas a redes locales en un
mismo edificio de oficinas.

La siguiente gráfica ilustra la manera como TCP/IP, sin interven-
ción directa de los usuarios, permite a dos personas en varias
partes del mundo, con sistemas distintos, enviar y recibir diferentes tipos de archivos con un margen de error muy pequeño.

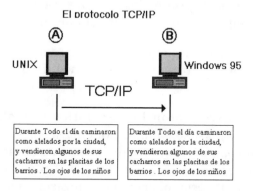

Se puede observar lo siguiente:

A Esta computadora con base en Francia (usando el
sistema operativo UNIX™) y conectada al Internet
por medio de un servicio en línea francés, envía
un mensaje a una computadora conectada al
Internet en los Estados Unidos.

B Esta computadora en los Estados Unidos (usando
Windows 95), conectada al servidor de Internet
America Online, recibe sin ningún problema la
carta enviada por la computadora en Francia.

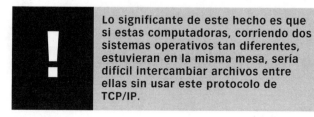

Lo significante de este hecho es que
si estas computadoras, corriendo dos
sistemas operativos tan diferentes,
estuvieran en la misma mesa, sería
difícil intercambiar archivos entre
ellas sin usar este protocolo de
TCP/IP.

El concepto de los territorios virtuales ("Domain Names")

El Internet es un mundo virtual. Es decir, que no existe físicamente en un lugar determinado, sino que está compuesto por los millones de computadoras que lo usan todos los días.

Como en todas las demás situaciones que rodean nuestra vida, ha sido desde el principio necesario un nivel de organización para evitar el caos.

Con este objeto se crearon los territorios virtuales (en inglés "Domain Names"); así se garantiza que haya solamente un territorio virtual por compañía o individuo, como en el caso de la revista "Latina", cuyo territorio virtual está señalado con la dirección virtual: Latina.com. De esta manera la organización que regula actualmente el Internet nos permite buscar recursos e intercambiar información en una forma organizada.

La siguiente gráfica muestra la dirección virtual de la revista "Latina"; a esta revista le fue asignado como ya vimos el territorio virtual Latina.com, el cual, por supuesto, es único en todo el mundo.

LATINA.COM

Por qué al Internet le llaman "La Autopista de la Información"

Este término se debe a una frase que usó el antiguo vicepresidente de los Estados Unidos Albert Gore, al referirse al Internet como una vía de comunicaciones virtual por medio de la cual sería mas rápido diseminar información.

Hoy en día el Internet es la fuente de información y de intercambio de ideas más importante creada por la humanidad.

Mientras se estaba concibiendo este libro, el mismo vicepresidente que bautizó, por así decirlo, a la autopista de la información anunciaba la creación de una red de computadoras todavía más poderosa que la que conocemos hoy. Esta red será usada al principio sólo por las universidades y centros de investigación. Y en algunos países latinoamericanos se han firmado acuerdos entre distintas organizaciones gubernamentales con el fin de que aún las escuelas de los sectores marginados tengan acceso al Internet.

NOTA

A pesar de que el Internet no tiene dueño, varias asociaciones sin fines de lucro están luchando para influenciar en forma positiva las decisiones que afectan la implementación de protocolos para el Internet. En esta forma esperan que el Internet siga siendo la fuente de conocimientos que es hoy, sin que se salga totalmente de control.

El modelo cliente-servidor y el Internet

El modelo en el cual se basa el Internet se llama el modelo cliente-servidor. Esto quiere decir que en el sistema algunas computadoras actúan como servidores (computadoras que permiten acceso a la información que está en sus discos duros) y otras computadoras actúan como clientes (las computadoras que buscan información en los diferentes servidores).

El Internet funciona de esta misma manera, sólo que con una cobertura más amplia. Hoy en día casi todas las compañías y los países del mundo tienen una presencia en el Internet.

Por ejemplo, la siguiente gráfica ilustra el proceso de obtener información con America Online sobre temas de interés a los hispanos.

El proceso de pedir y obtener información del Internet

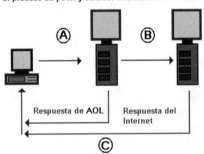

El proceso de obtener información funciona de la siguiente manera:

🅐 Una computadora (que llamaremos cliente) establece una conexión al proveedor de servicio al Internet (que llamaremos el servidor); a continuación el cliente abre un navegador y pide información.

🅑 En este momento el servidor comienza a recibir pedidos de información del cliente.

🅒 El servidor localiza la información que se le pide y la envía al cliente. Si la información no está al nivel del servidor de AOL éste seguirá buscándola hasta encontrarla en otro servidor. Por último, si la información no puede ser localizada por el servidor de AOL, éste enviará un mensaje de error indicando que no pudo encontrar la información y pedirá al cliente que localice algún posible error en la información de la solicitud inicial.

Cómo conseguir acceso al Internet

El Internet, por ser una red de computadoras, debe ser localzado a través de un cable u otro medio de transmisión que puede ser inalámbrico; lo importante es que sea capaz de enviar y recibir información a una velocidad suficiente para poder mostrarle al usuario la información que desea de la manera más rápida posible.

La manera más común de conseguir este servicio es a través de servicios en línea (como America Online) o ISP ("Internet Service Provider"). Un proveedor de servicio al Internet, o "ISP", se caracteriza por tener muy poco contenido en sus computadoras y por ofrecer un tipo de servicio que a veces puede ser más rápido.

Los siguientes son los medios más comunes de conectarse a una red de computadoras:

- Por medio de un módem y una línea de teléfono regular.
- Por medio de un módem y una línea de teléfono digital.
- A través de la red (LAN) de una compañía.
- Utilizando el servicio para enviar el pedido de información por medio de las líneas de teléfono y recibir la información en un satélite instalado en su techo (DirectPC).

La siguiente gráfica es una representación de la mecánica que está detrás del servicio de Internet DirectPC; éste es ofrecido por la compañía Hughes Electronics por medio de satélites, cuya señal es enviada directamente a su propia antena parabólica. Este sistema se llama DirectPC y es uno de los más rápidos para enviar información a su casa.

En qué forma el uso del Internet puede beneficiarle a usted

Algunas personas pueden preguntarse, ¿Cómo me puedo beneficiar con el Internet?

Las respuestas a esta pregunta tienen una variedad infinita. Uno de los ejemplos más simples es la oportunidad de hacer por Internet muchas tareas que antes implicaban colocarse en una fila y esperar su turno por minutos u horas.

A continuación encontrará algunos ejemplos de los múltiples usos para los cuales puede usted usar el Internet:

- Buscar trabajo, no sólo en el sitio en donde vive, sino en otros lugares.
- Balancear su chequera (conciliar su cuenta bancaria).
- Comprar pasajes de avión.
- Leer el periódico o la revista favorita de su país de origen.
- Buscar el mejor restaurante de la ciudad en la que vive o la ciudad que piensa visitar.
- Comunicarse con parientes y amigos en diferentes puntos del planeta.
- Averiguar el estado del tiempo y la tasa de cambio en el país que piensa visitar.
- Tomar cursos en varias universidades de su país o del exterior.

NOTA   Al principio el Internet parecía más una novelería de jóvenes y de científicos excéntricos. Hoy en día es muy posible usar el Internet para trabajar desde su casa y usar la computadora de su trabajo sin salir de su alcoba.

Consideraciones de seguridad mientras usa el Internet

El Internet es uno de los medios de comunicación e intercambio de ideas con más usos en el mundo y desde un par de años para acá muchas compañías han decidido hacer negocios en el Internet.

En un principio, el comercio en el Internet se limitaba a un monto de quinientos millones de dólares; hoy en día es diez veces más. Debido a la rapidez con la que se ha desarrollado el Internet, es explicable que se hubieran dejado de lado algunas consideraciones muy importantes de seguridad y que no fuera hasta que empezaron a aparecer problemas que las distintas compañías comenzaran a tomar medidas para asegurarse de que sus computadoras no fueran objeto de intrusiones por usuarios malintencionados.

Por eso tenemos que ser conscientes de las diferentes precauciones que necesitamos tomar cuando usamos un navegador.

1. Se ha dado el caso de muchachos desorientados y aburridos, pero con un dominio tal de la tecnología que han conseguido en varias ocasiones traspasar los sistemas de seguridad del Pentágono. Por eso los usuarios comunes y corrientes debemos estar prevenidos.

2. Nunca entre a un foro o divulgue su información personal cuando está visitando la página virtual de personas o entidades que no conoce bien.

3. Es muy difícil decir con absoluta seguridad si una conexión al Internet es totalmente segura, aunque se supone que los sitios más protegidos pertenecen a compañías y a grandes los diferentes gobiernos que tienen una presencia en el Internet.

 Nunca divulgue información personal acerca de usted o de su familia inmediata a nadie en el Internet a menos de que usted ya haya tenido experiencia con una compañía o tratos comerciales con ella en el pasado.

Para recordar

- El Internet no le pertenece a nadie ni a ningún gobierno ni ninguna entidad en particular.

- El Internet tuvo sus comienzos en un proyecto del Ministerio de Defensa de los Estados Unidos en 1969.

- El protocolo TCP/IP ha sido uno de los factores más decisivos en que el Internet adquiriera el auge que tiene hoy.

- Para usar el Internet es necesario ser miembro de un servicio en línea, de un proveedor de servicio al Internet, o usar una conexión a través de la red de su compañía o universidad.

- Nunca divulgue información personal a compañías, entidades o individuos que no le sean conocidos por experiencia personal o recomendados por alguien de confianza.

Cómo usar el Internet 2

Tipos de computadora y "software" que se necesitan para usar el Internet

El Internet es uno de los sistemas de comunicación que más evoluciona en el mundo. Por este motivo los equipos y el software necesarios para usarlo también cambian y deben ser actualizados muy a menudo.

En estas circunstancias es difícil prever cada una de las diferentes situaciones que puede encontrar el usuario al utilizar el Internet. Su equipo y configuración, por ejemplo, pueden ser lo suficientemente buenos para leer la página virtual de su escuela de ciencias, pero esto no significa que sean igualmente aptos para instalar Shockwave y la última versión de Netscape o Internet Explorer.

Por esta razón, la siguiente es sólo una recomendación acerca del tipo de equipo y de configuración que es conveniente usar para mantener una conexión básica al Internet.

La siguiente es una lista del equipo que yo recomiendo:

Para el mundo de IBM compatible:

- Al menos una 486 DX con 16 MB de RAM.
- Un disco duro con al menos unos 100 MB libres.
- Un módem de 28.8 bps.
- Windows 95, 98, Me, NT o Windows 2000.

Para el mundo Macintosh:

- Un PowerPC con al menos 16 MB de RAM.
- Un disco duro con al menos unos 50 MB libres.
- Un módem de 28.8 bps.
- Sistema operativo 7.5.

Las diferentes maneras de conectarse al Internet

Existen diferentes maneras de conectarse al Internet, pero debido al hecho de que cada situación es diferente, resulta difícil recomendar un sólo tipo de conexión, excluyendo otros.

Los tipos más populares de conexión son:

- Por medio de un servicio en línea, como por ejemplo America Online.
- Indirectamente con un "shell account" (este sistema se usa más frecuentemente para que los estudiantes puedan usar el Internet utilizando las computadoras de sus escuelas o universidades).
- Usando un proveedor de servicio al Internet (o ISP, como AT&T WorldNet). Este tipo de conexión le permite conectarse directamente al Internet y por este motivo puede ser mas rápida.
- A través de una red local, o LAN.

Cómo usar el Internet con un servicio en línea

La manera más común que utilizan los individuos particulares y los negocios en los Estados Unidos para conectarse al Internet es a través de un servicio en línea.

Los servicios en línea con más usuarios son:

America Online

MSN

En los siguientes ejemplos damos por hecho que usted ya es un usuario de alguno de estos servicios en línea. Si todavía no es usuario de uno de estos servicios, consulte con sus familiares o amigos para ver qué experiencia o recomendación tienen acerca de estos servicios en el área en que viven.

Estos servicios en línea ofrecen mucho contenido en sus computadoras, entre otros, enciclopedias y servicios al viajero.

Casi todos estos servicios ofrecen teléfonos locales en los Estados Unidos y en algunas ciudades del exterior, para que de esta manera usted no tenga que pagar por servicio telefónico de larga distancia.

MSN con la versión 2.5, el servicio en línea de la compañía Microsoft, está muy integrado a Internet Explorer 5.0.

Las tarifas de estos servicios en línea son muy parecidas. Algunos servicios, como por ejemplo AOL, le permiten tener una membresía de pocas horas al mes; no elija este tipo de servicio si no está seguro sobre el número de horas que va a usar este servicio en un mes.

America Online (AOL)

La compañía America Online comenzó su servicio en línea en 1985 y hoy en día cuenta con casi 25 millones de usuarios. Esto se debe a que el contenido de este servidor ofrece muchas alternativas a los usuarios que tienen hijos, como las enciclopedias en línea para hacer las tareas escolares.

America Online también ha tenido mucho éxito en atraer nuevos miembros, como por ejemplo enviando ofertas de un mes hasta 600 horas gratis el primer mes. Por esto America Online es indiscutiblemente el servicio en línea con el mayor número de usuarios.

La gráfica anterior representa la pantalla de entrada a America Online.

Acceso al Internet con America Online

Siga los siguientes pasos para establecer una conexión al Internet usando America Online:

1. Coloque el ratón sobre el símbolo de America Online y selecciónelo.

2. Una vez que establezca una conexión con el servidor de AOL, use la combinación de teclas CTRL + K para abrir el recuadro de "Keyword".

3. Una vez que la siguiente ventana aparezca, escriba Internet y pulse la tecla ENTER.

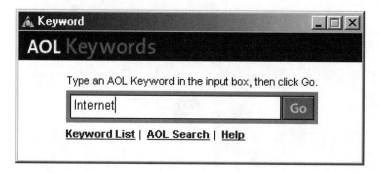

En el siguiente recuadro escriba la dirección virtual que desee visitar. Por ejemplo, si desea visitar el servidor de Dell, reemplace AOL con Dell y después haga clic sobre "Go".

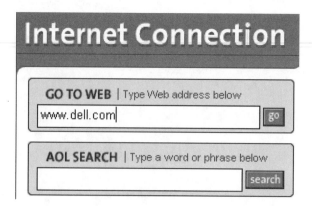

Aunque todo el contenido del libro es importante, el capítulo tercero tiene mucha información acerca de cómo usar el navegador incluido con America Online, y el capítulo sexto acerca de cómo enviar el correo electrónico.

En el siguiente recuadro puede ver la pantalla de bienvenida al servidor de Dell, una de las compañías de computadoras más grandes del mundo.

Cómo usar marcadores con America Online

Si desea marcar esta dirección virtual, para visitarlo de nuevo le basta solamente usar el ratón y colocarlo a "Favorites"; cuando el menú siguiente aparezca seleccione "Add Top Window to Favorites" pulsando el botón izquierdo una vez sobre esta línea.

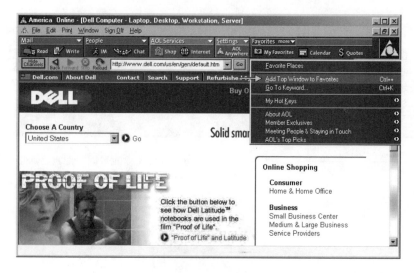

Una vez que vea el siguiente recuadro, elija "Add to Favorites", o sea agregue esta dirección a su lista de favoritos.

De esta manera la próxima vez que desee visitar esta página virtual, solo tiene que ir a favoritos y elegir Dell Computer para visitar de nuevo este servidor Web.

NOTA

Si trabaja en una oficina con
conexión directa al Internet, es
posible que pueda usar America
Online usando el protocolo de
comunicación TCP/IP (sino tiene un
módem en su computadora). En
algunos casos la versión de America
Online que tiene, hará los ajustes
necesarios a su configuración para
que este tipo de conexión funcione.
Si tiene una versión anterior a la
versión 6.0 y la no puede hacer
aunque conexión automáticamente
y su oficina se lo permite, trate de
usar la versión 6.0.

La barra de herramientas en AOL 6.0

En esta versión 6.0 de America Online es posible escribir directamente la dirección virtual que desea visitar en la línea en blanco reemplazando "Type Keywords or Web Addresses here", con la dirección virtual que desea visitar.

La siguiente gráfica representa la barra de herramientas del navegador que viene incluido con America Online 6.0.

Estas son algunas de las funciones más importantes de la barra de herramientas del navegador de AOL 6.0 basado en Internet Explorer de la compañía Microsoft:

A Haga clic sobre este símbolo, para ir a su buzón de correo electrónico

B Estas flechas le ayudan a usar el navegador para regresar o adelantar una página.

C Use este símbolo con una "x", para detener una página que se está demorando mucho en cargar o llenar, o para cancelar la entrada a un sitio.

D Si la página que desea ver se demora mucho en cargar, coloque el ratón a este símbolo en el caso de que desee insistir para cargar la página de nuevo.

E En este espacio puede escribir la dirección virtual del servidor Web que desea visitar.

F Este símbolo representa la señal de seguir cuando coloque al ratón sobre un sitio determinado; también funciona lo mismo pulsar la tecla ENTER.

 En los capítulos siguientes encontrará mucha información acerca de cómo trabajar con navegadores y los enlaces; especialmente estudie el capítulo sobre cómo encontrar información en el Internet usando un motor de búsqueda y también el capítulo quinto acerca de cómo guardar la información que encontró en el Internet.

Cómo responder a las propagandas comerciales en America Online

America Online, como hemos dicho antes, es un servicio en línea excelente y en este momento es uno de los que mayor número de módems tiene (alrededor de 850.000).

Todo esto cuesta miles de dólares. Por este motivo esta compañía, al igual que muchas otras en el mundo de las comunicaciones, está tratando de vender todos los servicios posibles, desde tarjetas de crédito con muy bajos intereses, hasta servicios de larga distancia.

Por eso es importante que usted aprenda a reconocer este tipo de ofertas y cómo hacer para aceptarlas o rechazarlas si no le interesan.

La ventaja con algunas compañías, como es el caso de America Online, es que son compañías muy serias y si por equivocación ordena algo que no desea, lo puede devolver durante un plazo de treinta días. Sin embargo, el mejor consejo que se le puede dar al usuario, fuera de asegurarse de la honradez de la compañía, es no ordenar algo que no necesita por equivocación.

En la siguiente gráfica puede ver una propaganda acerca de un módem.

Qué puede hacer para aceptar o rechazar este tipo de ofertas:

A Este es el título de la oferta y el precio del módem.

B Esta es la descripción de la oferta.

C Si desea aceptar esta oferta, coloque el indicador encima de "Order Here", y haga clic.

D Si desea rechazar la oferta, haga clic sobre "No Thanks" oprimiendo el botón izquierdo una sola vez.

El mensajero instantáneo de America Online

El mensajero instantáneo ("Instant Messenger") de America Online le permite comunicarse con usuarios de America Online usando sólamente un proveedor de servicio al Internet (ISP).

Este programa es ideal para aquellos padres de familia que trabajan hasta tarde y cuyos hijos hacen las tareas usando este servicio en línea.

Este programa le permite enviar mensajes a sus hijos o amigos cuando el teléfono está ocupado porque alguien está usando America Online.

La mejor manera de saber esto es preguntado al departamento de informática si cuentan con lo que se conoce como un "Firewall". Si la respuesta es positiva, pregunte acerca de la configuración necesaria para añadir una sección "Proxy".

Para obtener una copia del mensajero instantáneo de America Online visite la dirección virtual de esa compañía:

http://www.aol.com

Coloque el indicador sobre "Instant Messenger" y siga los enlaces hasta bajar este programa a su disco duro. Una vez que el programa esté en el disco duro puede proceder a instalarlo.

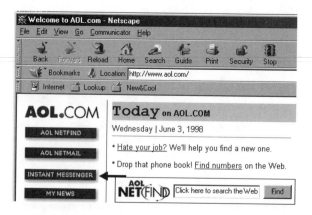

Cómo usar el mensajero instantáneo de America Online

Una vez que haya instalado el mensajero instantáneo de America Online lo puede usar de la siguiente manera:

- Establezca una conexión al Internet.
- Haga clic sobre "Start", ahora arrastre el indicador hacia arriba hasta llegar a "Programs", después arrástrelo hacia la derecha y busque el grupo de programas de "AOL Instant Messenger™".

Ahora arrastre el indicador hacia la derecha y haga clic sobre el símbolo de "AOL Instant Messenger".

Para comenzar, si no se ha registrado, coloque el indicador a "Sign On", y haga clic una vez.

Cuando vea la siguiente pantalla, si es usuario de AOL, elija usar el nombre del sistema que usa con AOL.

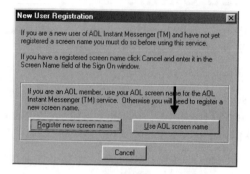

En la siguiente pantalla escriba su información para inscribirse.

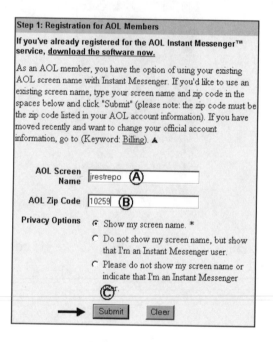

En el recuadro anterior llene su información de esta manera:

A En esta casilla escriba su nombre de usuario de AOL.

B En esta casilla escriba su código postal.

C Por último, haga clic sobre "Submit" para registrar su nombre como usuario del sistema.

La siguiente pantalla indica que la inscripción para usar el mensajero instantáneo de AOL está completa.

> **Registration for screen name** *jrestrepo* **is complete.**
> **Your password is the same as that of your AOL account.**

Ahora, cuando vea la siguiente pantalla, puede insertar su información para comenzar a usar el mensajero instantáneo de AOL.

Para usar este programa de AOL, es necesario insertar la siguiente información en el recuadro anterior:

Ⓐ El nombre de usuario de AOL.

Ⓑ La contraseña que usa con su cuenta de AOL.

Ⓒ Finalmente, haga clic sobre "Sign On" para comenzar a usar este programa.

Cómo recibir mensajes instantáneos

Una vez que haya registrado su copia del mensajero instantáneo de AOL, es posible recibir mensajes de sus amigos o allegados conectados al Internet.

Para recibir mensajes instantáneos, es necesario añadir el nombre del usuario del cual desea o espera recibir mensajes.

En la ventana que abre después de que elija inscribirse ("Sign On"), puede añadir los nombres de los usuarios de los cuales desea recibir mensajes instantáneos.

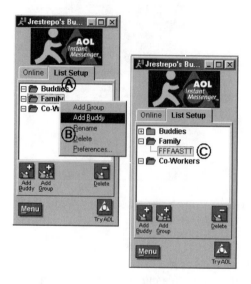

Siga los pasos indicados en el recuadro anterior para configurar la lista de parientes y allegados de los cuales espera recibir mensajes instantáneos:

Ⓐ Cuando la ventana anterior se abra haga clic sobre "List Setup".

Ⓑ Ahora coloque el indicador sobre la categoría que mejor describa al usuario que desea añadir a esta lista; amigos (Buddies), familiar (Family) o compañeros de trabajo (Co-workers) y oprima el botón derecho del indicador una vez. Ahora haga clic sobre "Add Buddy" en este menú.

Ⓒ Finalmente en esta casilla en azul, escriba el nombre del usuario de AOL de quien desea recibir mensajes instantáneos y oprima la tecla ENTER.

Una vez que termine de añadir la lista de usuarios de los cuales desea recibir mensajes instantáneos, abra el programa de nuevo y elija "Sign on". Ahora, si uno de los usuarios designados por usted está tratando de contactarlo, lo podrá hacer de una manera más fácil.

Cuando una de esas personas le esté tratando de enviar un mensaje instantáneo verá la siguiente pantalla; si desea recibir este mensaje, oprima la tecla ENTER.

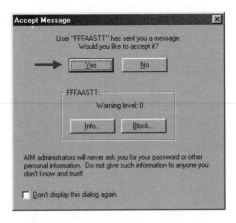

Finalmente, en la siguiente gráfica puede ver una conversación entre dos usuarios acerca de una situación en la cual el teléfono estaba ocupado y alguien le comunica a uno de los usuarios que su esposa necesita que la recoja en el supermercado.

En la gráfica anterior puede seguir los pasos necesarios para
entablar esta conversación.

(A) Este es el usuario que está iniciando la
conversación.

(B) Este es el texto de la conversación.

(C) Este es el recuadro donde debe escribir la
respuesta a las preguntas o comentarios del otro
usuario.

(D) Haga clic sobre "Send" para enviar el texto que
escribió en este recuadro.

Qué hacer si recibe un mensaje que le recomienda actualizar su navegador

Si su versión de AOL es la 2.5 y no tiene navegador para usar el Internet, es posible que a veces le aparezca la siguiente gráfica preguntándole si desea conseguir un navegador. Elija la primera opción, "Get Web Browser ONLY" (conseguir solamente un navegador).

Si elige conseguir un navegador, el proceso de bajarlo al disco duro puede tomar unos veinte minutos; pero la próxima vez que abra su versión de AOL lo podrá usar.

Cómo usar el Internet con MSN

El servicio en línea MSN ("The Microsoft Network") que comenzó a operar en 1995 pertenece a la compañía Microsoft. Esta red provée también servicio de noticias, correo electrónico y acceso al Internet.

Al principio MSN tuvo algunos problemas con su software. Hoy en día, la versión 2.5 es más fácil de usar y está más integrada al navegador Internet Explorer.

Por este motivo el acceso al Internet con la versión 2.5 se consigue casi inmediatamente después de que el servicio verifique el nombre del usuario y su contraseña.

Para usar MSN es necesario tener Windows 95 o 98, aunque sorprendentemente el instalador del software de MSN 2.5 indica que este servicio en línea no es compatible con Windows NT.

Aunque todo el contenido del libro es importante, si usted aspira a aprender a usar el Internet, le recomiendo especialmente el capítulo tercero, que le ayudará a usar el navegador incluido con MSN y el capítulo sexto, acerca de cómo enviar correo electrónico.

Para usar el Internet con MSN, siga los siguientes pasos:

1. Haga clic sobre el símbolo de "The Microsoft Network".
2. En el próximo recuadro seleccione "Connect".
3. Cuando su contraseña sea verificada, Internet Explorer se abrirá en el servidor Web de MSN.

NOTA La versión 2.5 de MSN está muy integrada con Internet Explorer; tanto que hasta el símbolo de Internet Explorer se cambia al símbolo de MSN.

Esta es la pantalla de entrada al servidor Web de MSN.

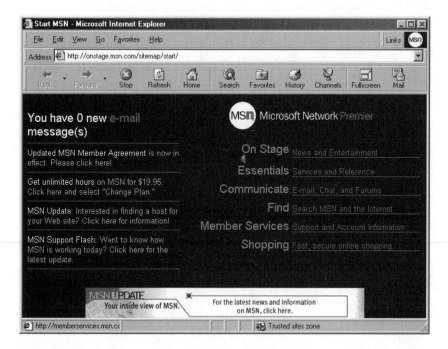

Si desea entrar al Internet, use la combinación CTRL+L y después escriba la dirección virtual que desea visitar.

Este recuadro de Internet Explorer representa la entrada a MSN. En este momento, el Internet está solo a un paso de distancia de la ventana de entrada a MSN.

Por ejemplo, si desea visitar el servidor Web de Microsoft, siga los siguientes pasos:

■ Use la combinación CTRL+L para abrir una ventana de URL. Una vez que escriba la dirección virtual, presione la tecla ENTER.

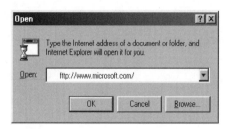

En la siguiente ventana puede ver el servidor Web de la compañía
Microsoft y seguir buscando la información que necesite.

En el próximo capítulo verá ejemplos de cómo usar el Internet con
Netscape o Internet Explorer por medio de un proveedor de servicio al Internet (ISP).

Este tipo de servidor o proveedor de servicio al Internet, es uno de
los tipos de acceso que permite la conexión al Internet de una
manera casi inmediata. La única desventaja de este tipo de servicio
para familias es la dificultad para controlar el contenido de lo que
una persona menor de edad, utilizando un ISP, puede ver.

Para recordar

- La manera más común de conectarse al Internet es a través de un servicio en línea.

- America Online es el servicio en línea más popular en todo el mundo.

- La última versión del programa para usar America Online es la versión 6.0

- Compuserve es uno de los cinco servicios en línea más importantes.

- Sin embargo, en determinadas circunstancias, un proveedor de servicio al Internet (ISP) como AT&T WorldNet o Snet Internet le permite conectarse al Internet de manera más rápida.

Los navegadores

El Web

El Web tuvo su origen en marzo de 1989, cuando Tim Berners-Lee, del CERN (El Centro Europeo de Alta Energía) propuso un medio a través del cual se pudiera intercambiar información más eficientemente entre los distintos miembros de la organización, que vivían y trabajaban en diferentes países.

Hoy en día, el World Wide Web, también conocido como el Web, es la plataforma de trabajo más utilizada en el Internet. Gracias a esta red, millones de personas usan el Internet cada día.

El principal instrumento para lograr que el Web fuera una realidad es un protocolo llamado TCP/IP. Gracias a él se pueden efectuar las transmisiones de información necesarias para hacer del Web esta asombrosa red mundial de computadoras que tenemos hoy en día.

Otro de los factores que han contribuido al éxito del Web es el lenguaje de enlaces HTML, que le permite la combinación de todos los elementos que son visibles en un navegador. En este momento se habla de aumentar la capacidad de HTML para agregarle muchas otras funciones.

Para usar el Web es necesario tener un programa navegador, como por ejemplo Netscape, que le descifra todo el texto, el sonido y el vídeo y los presenta al usuario en un formato parecido al de un procesador de palabras, como Word for Windows.

Esta es la pantalla de entrada al navegador Netscape Communicator
4.0:

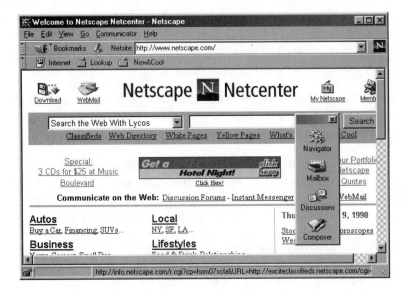

La diferencia entre un servidor Web y una página Web

A través de este libro usaré muchos términos que pueden ser nuevos para usted. La mayor parte de las veces es muy fácil hallar una respuesta solamente con mirar las gráficas que se incluyen junto a la explicación.

Algunos de los términos que pueden confundirse fácilmente son "servidor Web" y "página Web".

¿Qué es un servidor Web? Por lo general, se entiende por un servidor Web una computadora conectada al Internet que administra un territorio fijo asignado (como por ejemplo el servidor de Hispanic Online, Hisp.com) y atiende pedidos de información de computadoras de todas partes del mundo.

Una página Web es una página que está guardada en el servidor Web; un servidor Web puede tener muchas páginas guardadas en su disco duro.

La siguiente gráfica muestra la diferencia entre un servidor Web y una página Web:

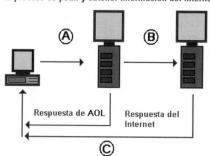

El proceso de pedir y obtener información del Internet

En la gráfica anterior puede ver cómo un servidor Web administra las cinco páginas Web que existen en su disco duro.

Ⓐ Este es el servidor Web con el localizador universal de recursos (URL) en: *http://www.test.com*.

Ⓑ En el localizador universal de recursos (URL), puede ver cómo la dirección virtual es casi igual para cada una de las páginas y lo único que cambia es el último número. De esta manera se puede reconocer muy fácilmente cada página, pues la dirección de cada una de ellas tiene sólo un número de diferencia.

C Estas son las páginas Web con direcciones virtuales: *http://www.test.com/test/1al5.*

¿Qué es un navegador?

Es un programa que le permite hallar, bajar y mostrar archivos con texto, vídeo, sonido y todas la gráficas que comprenden una página virtual.

El navegador descifra internamente todas las instrucciones que recibe su computadora a través del Internet y las presenta en su pantalla como texto y gráficas.

El primer navegador que salió al mercado se llamó Mosaic (1993), y fue el producto de un centro de investigación de la Universidad de Illinois. El éxito de este programa consistió en que tenía una plataforma gráfica que le permitía usar el indicador para buscar documentos en el Internet.

Hoy en día también existen compañías que usan navegadores para distribuir información internamente; las redes de este tipo se llaman intranets.

Usando un navegador puede usted visitar un servidor en Rusia y después otro en el África, todo esto en unos pocos minutos. Así tendrá la ilusión de estar viajando a diferentes sitios del mundo y de expandir, por supuesto, sus posibilidades de informarse mejor acerca de lo que sucede en otras latitudes. Los sitios que usted visita con su navegador se llaman páginas Web.

En los últimos años, dos navegadores se han destacado por la cantidad de adelantos técnicos que utilizan en la presentación de la información. Por la misma razón, ellos cuentan con un mayor número de usuarios:

- Internet Explorer de la compañía Microsoft
- Netscape de la compañía Netscape Communications

A través de este libro encontrará referencias a dichas navegadores, con el objeto de evitar favorecer a uno u otro. En realidad ambos son tan buenos que hoy en día la mayoría de los usuarios del Internet prefieren usar uno de ellos.

Algunas de las cosas que puede hacer con un navegador

Hoy en día millones de personas entran al Internet para buscar noticias, comprar acciones, obtener información acerca de las vacaciones que piensan tomar y comunicarse con parientes, amigos o asociados alrededor del mundo. Todo esto, sorprendentemente, sin abandonar la casa u oficina.

Un navegador le permitirá efectuar un número indefinido de diligencias que en el pasado casi siempre le hubieran significado hacer un viaje y tal vez esperar en línea, o hacer cola, como decimos algunos latinos.

Un navegador tiene la ventaja adicional de ofrecer al usuario la posibilidad de buscar información en otras partes del mismo servidor, o de otros alrededor del mundo, los cuales son accesibles con sólo oprimir el botón izquierdo del indicador sobre el enlace.

En el futuro, muchas más funciones que todavía requieren su presencia podrán hacerse a través del Internet; la imaginación es el único límite real de los usos prácticos de esta nueva tecnología que promete cambiar en forma dramática el mundo en que vivimos.

Las siguientes son algunas de las funciones o diligencias que usted puede efectuar usando su navegador:

- Buscar un trabajo nuevo.
- Estudiar y tomar exámenes en línea.
- Leer los periódicos y revistas favoritos de su país de origen desde la casa u oficina.
- Buscar información acerca de casi todos los temas: empleo, aviación, cultura general, historia y muchos más.
- Conocer gente con intereses afines a los suyos.
- Comprar artículos, pasaje de avión y mercancía de casi todo tipo.
- Consultar reportes del tiempo.
- Planear sus próximas vacaciones.

Internet Explorer 5.0

Es uno de los navegadores que mayor popularidad ha tenido desde su introducción en 1995 por la compañía Microsoft. El Internet Explorer está basado en el navegador Mosaic creado por el Centro Nacional de Aplicaciones para Supercomputadoras (CERN), de la Universidad de Illinois en su sucursal de Urbana-Champaign.

El Internet Explorer es distribuido en forma gratuita por la compañía Microsoft, como parte del sistema operativo Windows® 95, o visitando la página virtual de la misma compañía.

Estos ejemplos fueron creados con Internet Explorer 5.0; pero si tiene una versión diferente del Internet Explorer las funciones pueden ser un poco distintas.

Si desea usar Internet Explorer para navegar en el Web es necesario que establezca una conexión al Internet usando un servicio en línea, una cuenta de su proveedor de servicio al Internet (ISP), o una conexión a través de una red (LAN).

Internet
Explorer

Una vez que establezca una comunicación con su ISP, coloque el indicador encima del símbolo de Internet Explorer y pulse el botón izquierdo dos veces. Si el símbolo de Internet Explorer no está en su pantalla, búsquelo colocando el ratón en "Start", luego en "Program" y finalmente en Internet Explorer.

Requisitos para usar Internet Explorer 5.0

Si usted desea usar Internet Explorer 5.0, lo ideal sería que tuviera las siguientes especificaciones en su computadora personal:

- Pentium de al menos 100 MHz.
- 24 MB de RAM.
- 150 MB libres en el disco duro.
- Windows® 98/Me o Windows NT®.
- Tarjeta y monitor SVGA.
- Conexión al Internet por medio de un proveedor de servicio al Internet (ISP), o un servicio en línea.

Si después de leer este capítulo desea actualizar su versión de Internet Explorer, recuerde que instalar una versión nueva de un programa puede crear algunas dificultades. Por esa razón, si no tiene mucha experiencia con la instalación de programas, trate de buscar la ayuda de una persona calificada.

NOTA Si usa America Online este navegador (Internet Explorer) está incluido con la versión 6.0 de America Online. Si piensa actualizar su versión de America Online a la versión 6.0 debe saber que esta funciona de manera mas lenta que todas las versiones anteriores de AOL.

La pantalla de entrada a Internet Explorer 5.0

La siguiente gráfica representa la pantalla de entrada al navegador Internet Explorer 5.0. En este momento el navegador está recibiendo información de la página virtual del servidor de la compañía Microsoft.

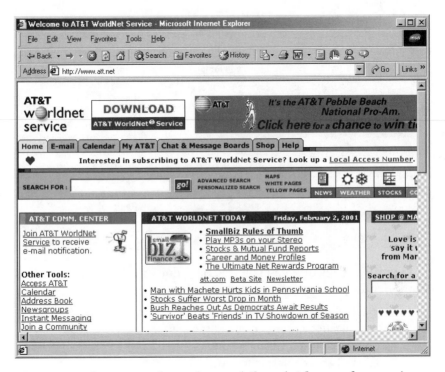

Este navegador es mucho más versátil y rápido que las versiones anteriores.

Las siguientes son las áreas principales que encontrará en el recuadro del navegador Internet Explorer 5.0:

La siguiente gráfica es la pantalla de entrada a Internet Explorer 5.0.

En la gráfica anterior siga las letras para encontrar la función de los componentes personales de este navegador.

Ⓐ Los menús de funciones. Estos se pueden localizar usando el ratón o con el teclado.

Ⓑ La dirección virtual o "URL".

Ⓒ La barra de herramientas.

Ⓓ El área de trabajo.

Ⓔ Las flechas de subir o bajar y las horizontales, que le permiten mover una página de arriba a abajo o de un lado a otro, cuando la página virtual que está mirando no ocupa toda la pantalla y usted desea ampliarla.

Los menús de funciones en Internet Explorer 5.0

Los menús de funciones en este navegador son muy comunes y muy parecidos en todos los programas de Windows; para usarlos coloque el ratón a "File" y pulse el botón izquierdo una vez.

La siguiente gráfica representa el menú de funciones de Internet Explorer 5.0.

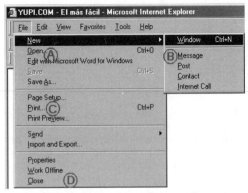

En el recuadro superior siga los siguientes pasos para usar el menú de funciones:

Ⓐ Coloque el ratón a "File" y elija "New" (nuevo).

Ⓑ Después coloque el ratón hacia la derecha para abrir otra copia del navegador; de esta manera es posible abrir varias copias del navegador al mismo tiempo.

Ⓒ Si desea imprimir elija "File" y después "Print".

Ⓓ Si desea cerrar el navegador coloque el ratón a "File" y elija "Close".

En el siguiente recuadro puede observar la dirección virtual o URL donde dice: "Address", que le indica exactamente en qué servidor y a qué nivel se encuentra la página que está cargada, o sea la que aparece en el navegador.

La barra de herramientas en Internet Explorer 5.0

Como todos los programas para el sistema operativo de Windows, este navegador tiene símbolos en esta barra de herramientas que le permiten efectuar un número de funciones usando solamente el ratón.

Para seleccionar uno de los símbolos de la parte inferior de la pantalla, coloque el ratón encima del símbolo y pulse el botón izquierdo una vez.

(A) Coloque el ratón a estas flechas si desea regresar o adelantar una página (en el caso de que la información que esté mirando tenga varias páginas). La flecha de la izquierda le devuelve una página y la de la derecha lo adelanta una página.

(B) Coloque el ratón al símbolo de "Stop" si una página se está tomando mucho tiempo en cargar; a veces es necesario colocar el ratón a este símbolo y después a "Refresh" para entrar a una página virtual.

(C) Coloque el ratón al símbolo de "Refresh" para cargar de nuevo la página virtual.

(D) Si coloca el ratón al símbolo de "Home" regresará a la página que el navegador abre al principio.

(E) Si tiene un proveedor de servicio al Internet coloque el ratón al símbolo de "Mail" para recibir su correo electrónico. Este servicio tiene que ser configurado en el navegador para poder usarlo.

(F) Coloque el ratón encima del símbolo de "Print" si desea imprimir.

(G) Si coloca el ratón encima de este símbolo podrá usar el mensajero de Microsoft.

El área de trabajo en Internet Explorer 5.0

Es la ventana al resto del mundo cibernético, pues no importa dónde se use este navegador, se puede tener acceso a casi todos los recursos que el Internet ofrece. En el siguiente recuadro puede ver la ventana de entrada al servidor de Hispanic Online.

La siguiente gráfica representa el área de trabajo donde usted envía y recibe la información que le permite ser un ciudadano virtual de esta gran comunidad de usuarios del Internet.

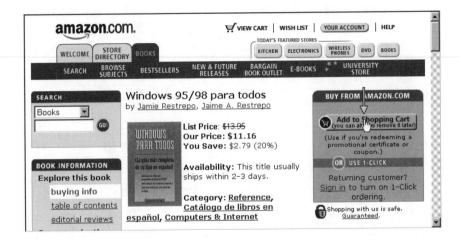

Cuando mueva el ratón alrededor de esta ventana, el símbolo de flecha va a cambiar algunas veces a una pequeña mano que le indica que es un enlace, y si lo elige, el navegador lo llevará a una página en el mismo servidor Web o a otro servidor Web en otra parte del mundo.

Atajos para facilitar el uso de Internet Explorer 5.0

Casi todas las funciones que se pueden realizar con el ratón, también pueden efectuarse usando una combinación de teclas en el teclado.

Casi todas las funciones que se pueden realizar con el ratón, también pueden efectuarse usando una combinación de teclas en el teclado.

Avanzar hasta la página siguiente:	ALT + Flecha de la derecha
Devolverse a la página anterior:	ALT + Flecha de la izquierda
Cargar la página de nuevo:	F5
Parar salir de una página:	ESC
Para seleccionar todo el texto:	CRTL+A
Ir a una nueva localidad:	CTRL+O
Abrir una nueva copia del navegador:	CTRL+N
Guardar la página que está en el navegador:	CTRL+S
Use esta combinación para imprimir la página que ve en el área de trabajo:	CTRL+P
Tecla para activar el enlace seleccionado:	ENTER
Para detener el proceso de cargar una página:	ESC

Cómo regresar a los últimos sitios que visitó en Internet Explorer 5.0

Una de las grandes ventajas de usar un navegador es la de poder regresar a visitar los sitios que ha visitado y disfrutado más recientemente, de una manera muy fácil.

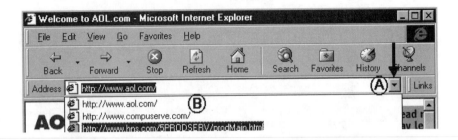

Para regresar a sitios que ya haya visitado siga estos pasos:

(A) Primero coloque el ratón sobre este símbolo, indicado por la flecha y pulse el botón izquierdo una vez para ver la lista de los sitios que ha visitado en los últimos días.

(B) Esta es la lista de los sitios que ha visitado en los últimos días. Si no usa la computadora por un tiempo es posible que esta lista se reduzca a unos pocos enlaces ("links"). Si desea regresar a un sitio determinado, coloque el ratón sobre el enlace y pulse el botón izquierdo una vez.

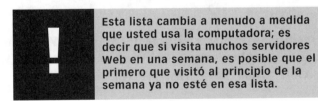

! Esta lista cambia a menudo a medida que usted usa la computadora; es decir que si visita muchos servidores Web en una semana, es posible que el primero que visitó al principio de la semana ya no esté en esa lista.

Cómo usar marcadores ("Bookmarks") en Internet Explorer 5.0

Si desea guardar uno de estos enlaces en una lista permanente use los marcadores que le permiten regresar a una página Web de manera más fácil, y que también estarán disponibles hasta el día en que los borre de su navegador.

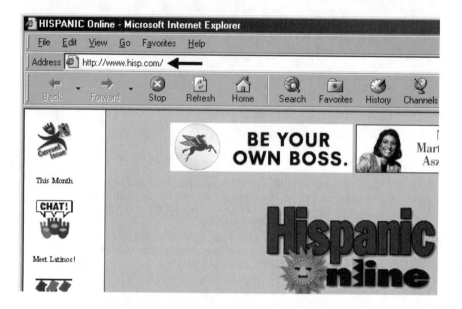

Siga estos pasos para usar los marcadores en Internet Explorer 5.0:

Primero escriba la dirección virtual del servidor Web que desea visitar. En este ejemplo visitaremos el servidor de *Hispanic Magazine* con la dirección virtual; *http://www.hisp.com*.

Si desea guardar el enlace a este servidor Web, coloque el ratón a "Favorites" y elija "Add to Favorites" (añada a favoritos).

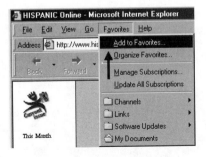

Ahora verá el siguiente recuadro:

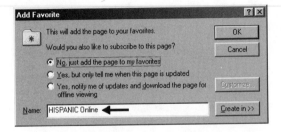

Cuando el recuadro anterior abra, cerciórese de que el nombre indicado por la flecha concuerde con el nombre del servidor Web que desea elegir para guardar y pulse la tecla ENTER para escogerlo.

La próxima vez que desee visitar este servidor Web, coloque el ratón a "Favorites" y elija el nombre que describe este servidor Web.

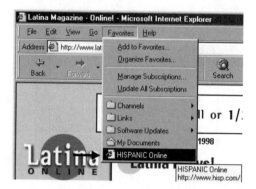

Por ejemplo si desea regresar al servidor Web de *Hispanic Magazine,* coloque el ratón sobre el nombre que representa este servidor Web y pulse el botón izquierdo una vez para visitarlo.

Netscape Communicator 4.0

Este es uno de los dos navegadores más populares que se usan para navegar en el Web. Este programa es producido por la compañía Netscape Communications.

Esta compañía comenzó a vender sus productos en 1994 y fue creada por James Clark y Marc Anderson (éste uno de los creadores de Mosaic).

En el principio Netscape permitía, a cualquier persona que deseara usar su programa, bajarlo de su servidor sin costo alguno.

Esto ha cambiado con el transcurso de los años. Lo que sucede generalmente es que hoy en día Netscape cobra su navegador a otras compañías, mientras que permite que personas particulares bajen el programa de su servidor sin costo alguno. En este momento, la más reciente version del programa Netscape es la 4.0. Este último navegador está mejor presentado que los navegadores anteriores de la misma compañía.

 Si desea usar Netscape Communicator 4.0 para navegar en el Web, es necesario que establezca una conexión al Internet usando un servicio en línea, una cuenta de su proveedor de servicio al Internet (ISP) o una conexión a través de una red (LAN).

Netscape
Communicator

Tan pronto como establezca una comunicación con su ISP, haga clic dos veces sobre el símbolo de Internet Explorer. Si no lo ve en su área de trabajo ("Desktop"), haga clic sobre "Start", arrastre el indicador hacia arriba hasta llegar a "Programs" y luego hacia la derecha hasta el grupo de programas de Netscape y, finalmente, haga clic sobre Netscape Communicator 4.0.

Requisitos para usar
Netscape Communicator 4.0

Si desea usar Netscape 4.0 debe tener las siguientes especificaciones en su computadora personal:

- Pentium de al menos 100 MHz.
- 24 MB de RAM.
- 150 MB libres en el disco duro.
- Windows 95 o Windows NT®.
- Tarjeta y monitor SVGA.
- Conexión al Internet por medio de un proveedor de servicio al Internet (ISP), o un servicio en línea.

Si tiene una versión anterior de Netscape y ésta funciona bien, todavía podrá usar esa versión para seguir los ejemplos que hay en este libro.

Si después de leer este capítulo desea actualizar su versión de Netscape, recuerde que instalar una versión nueva de un programa le puede crear problemas inesperados; por esa razón, si no tiene mucha experiencia instalando programas, trate de buscar la ayuda de alguna persona calificada.

Netscape se puede conseguir gratuitamente, aunque, como ya se dijo anteriormente, las compañías sí tienen que pagar por este navegador. La dirección virtual de servidor Web de Netscape es *http://home.netscape.com*

Componentes del navegador Netscape Communicator 4.0

Este es el navegador Netscape Communicator 4.0:

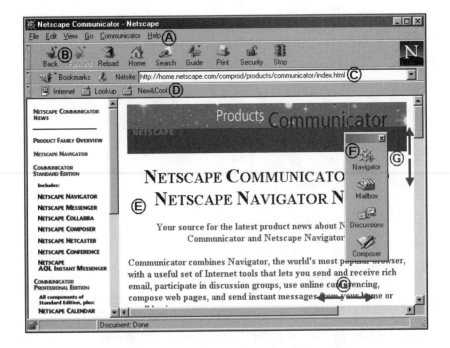

Netscape Communicator 4.0 está dividido de esta manera:

A Los menúes de funciones. Éstos se pueden usar con el indicador o con el teclado.

B La barra de herramientas.

C Los marcadores ("Bookmarks") y la dirección virtual, o URL.

D Las barras de herramientas.

E El área de trabajo.

F Ésta es la barra de componentes. (Símbolo de abrir navegador y buzón electrónico.)

G Las flechas verticales y horizontales. Estas flechas le permiten mover una página de arriba hacia abajo o de un lado a otro cuando la página virtual que está viendo no llena toda la pantalla.

Los menús de funciones en Netscape Communicator 4.0

Los menús de funciones se utilizan de manera parecida en todos los programas para Windows. Para usarlos, coloque el indicador a "File" y haga clic una vez.

La siguiente gráfica representa el menú de funciones de este navegador.

Así se trabaja con el menú de funciones en la gráfica anterior:

A Haga clic sobre "File" y coloque el indicador sobre "New" (nuevo).

B Ahora arrastre el indicador hacia la derecha y haga clic sobre "Window" para abrir otra copia del navegador. Así se puede abrir varias copias del navegador al mismo tiempo.

C Si desea imprimir, haga clic sobre "File" y luego clic sobre "Print".

D Si desea cerrar el navegador, haga clic sobre "File", arrastre el indicador hacia abajo y luego clic sobre "Exit".

En el siguiente recuadro puede observar la dirección virtual, o URL, donde dice: "Location". Este le indica exactamente en qué servidor y a qué nivel se encuentra la página que está cargada; es decir, la que aparece en el navegador.

La barra de herramientas en Netscape Communicator 4.0

Como todos los programas para el sistema operativo de Windows, este navegador tiene símbolos en esta barra de herramientas que le permiten efectuar un número de funciones mediante el uso del indicador.

La siguiente gráfica representa la barra de herramientas de este navegador.

Para seleccionar uno de los símbolos anterior, haga clic sobre él siguiendo estos pasos:

Ⓐ Haga clic sobre estas flechas si desea regresar o adelantar una página (cuando la información que está mirando tiene varias páginas). La flecha de la izquierda lo devuelve una página y la de la derecha lo adelanta otra.

Ⓑ Haga clic sobre el símbolo de "Reload" para volver a cargar la página Web que está visitando.

Ⓒ Haga clic sobre el símbolo de "Home", para regresar a la página que el navegador abre al principio.

Ⓓ Haga clic sobre este símbolo, si desea imprimir la página virtual que está visitando.

Ⓔ Haga clic sobre el símbolo de "Stop" si una página se está tomando mucho tiempo en cargar o llenar; a veces es necesario hacer clic sobre este símbolo y después sobre "Reload" para cargarla de nuevo.

La barra de componentes en Netscape Communicator 4.0

El navegador Netscape 4.0 le ofrece una barra de herramientas flotante llamada la barra de componentes o herramientas "Component Bar").

Las dos funciones más importantes de esta barra de componentes son:

- Abrir otra copia del navegador.
- Abrir el buzón de correo electrónico.

La gráfica anterior representa el menú de componentes de Netscape Communicator 4.0.

Ⓐ Haga clic sobre este símbolo para abrir otra copia de Netscape Navigator 4.0.

Ⓑ Haga clic sobre este símbolo para abrir el buzón de correo electrónico.

El área de trabajo
en Netscape Communicator 4.0

El área de trabajo se puede considerar como la ventana al resto del mundo cibernético. En este espacio, de manera transparente, un usuario puede, en cualquier lugar del mundo en donde esté, tener acceso por medio de un navegador a casi todos los recursos que ofrece el Internet.

De la misma manera como sucede con el navegador Internet Explorer, desde esta ventana de Netscape Communicator 4.0 es desde donde usted envía y recibe la información que le permite ser un ciudadano virtual de esta gran comunidad de usuarios del Internet.

También en este programa, cuando mueva el indicador por la ventana, el símbolo de flecha va a cambiar algunas veces a una pequeña mano. Esto le indica que éste es un enlace si lo elige, el navegador lo llevará a otra página en el mismo servidor Web o a otro servidor Web en otra parte del mundo.

Cómo usar los marcos ("Frames") en Netscape Communicator 4.0

Esta tecnología fue inventada por Netscape. Los marcos permiten que un diseñador de un servidor Web presente información en varias ventanas de la misma página simultáneamente. Esto es muy útil cuando un diseñador o un usuario desea repetir una tabla de contenidos. Este tipo de página solo se puede guardar o imprimir marco por marco.

El servidor Web siguiente es un buen ejemplo del uso de marcos con tablas de contenido.

El URL es *http://www.3net.com.ar/GUIASEL.HTM.*

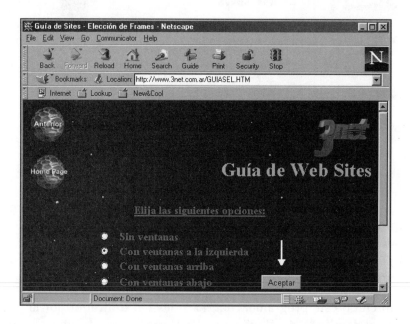

Si desea seguir este ejemplo escriba la dirección virtual o URL *http://www.3net.com.ar/GUIASEL.HTM* en frente de "Location" y cuando vea la pantalla anterior haga clic sobre "Aceptar".

Cómo trabajar con marcos en un navegador

Se puede ver en el siguiente recuadro una página con un menú a la izquierda y un área de trabajo a la derecha.

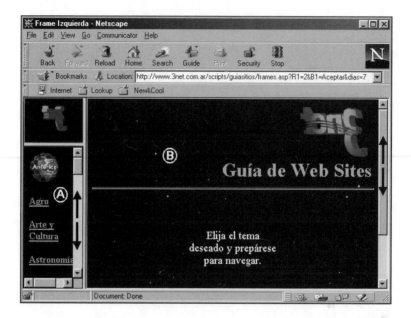

En el recuadro anterior puede observar lo siguiente:

A El marco de la izquierda es por lo general el que muestra la tabla de contenido.

B En el marco de la derecha aparecerá el contenido del enlace ("link") que escogió en el marco de la izquierda.

En la siguiente gráfica puede ver cómo cuando elige una de las categorías del menú del marco de la izquierda verá el resultado en el marco de la derecha.

En este ejemplo buscaremos información acerca del "Mundial de Francia 98".

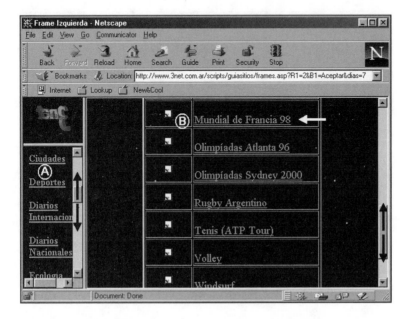

En el recuadro anterior puede observar lo siguiente:

A Por ejemplo, si elige ver información acerca de deportes en el marco de la derecha, coloque el indicador sobre las barras de subir y bajar ("Scroll Bars") mientras poco a poco pulse el botón izquierdo del indicador, hasta encontrar "Deportes" en la lista que aparece en el marco de la izquierda.

B Ahora en el marco de la derecha puede ver claramente otro menú que le permite buscar información acerca de deportes. Si desea seguir este ejemplo use las barras de subir y bajar hasta encontrar "Mundial de Francia 98" y selecciónelo.

Finalmente, en esta página puede ver cómo en el recuadro de la derecha aparece información acerca del "Mundial de Francia 98".

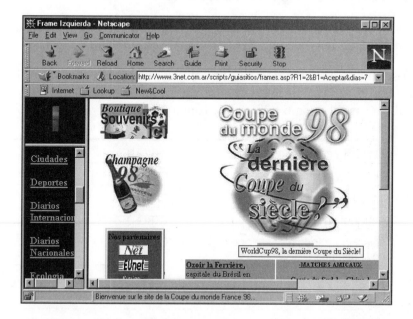

La gráfica anterior es un ejemplo excelente de cómo funcionan los marcos ya que en esta página en realidad hay dos navegadores abiertos, apuntando a dos direcciones virtuales diferentes.

Atajos para usar
Netscape Communicator 4.0

Casi todas las funciones que se pueden realizar con el indicador también pueden efectuarse usando una combinación de teclas.

La siguiente es la lista de algunos atajos que puede usar si prefiere utilizar el teclado en lugar del indicador; en esta forma se pueden realizar casi el mismo número de funciones.

Abrir otra copia del navegador:	CTRL+N
Visitar otro servidor Web:	CTRL+O
Imprimir una página:	CRTL+P
Cerrar el navegador:	CTRL+Q
Seleccionar todo el texto que ve en la página:	CRTL+A
Cargar de nuevo una página:	CTRL+R
Regresar a la página anterior:	ALT+Flecha de la izquierda
Adelantar una página:	CTRL+Flecha de la derecha
Suspender el proceso de cargar una página:	ESC

Cómo regresar a los últimos sitios que visitó con Netscape Communicator 4.0

Una de las ventajas de usar un navegador es la de poder regresar más fácilmente, una y otra vez, a visitar algunos de los sitios que había visitado antes.

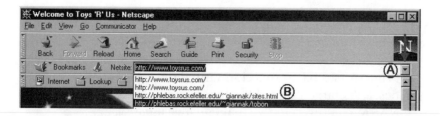

Para regresar a sitios que haya visitado antes, siga estos pasos:

A Haga clic sobre este símbolo, indicado por la flecha, para ver la lista de los sitios que ha visitado en los últimos días.

B Esta es la lista de los sitios que ha visitado en los últimos días; si no usa la computadora por un tiempo es posible que esta lista se reduzca a unos pocos enlaces ("links"). Si desea regresar a un sitio haga clic sobre el enlace.

Cómo usar marcadores ("Bookmarks") en Netscape Communicator 4.0

Si desea guardar uno de estos enlaces en una lista permanente, use los marcadores. Estos también le permiten regresar fácilmente a una página Web y estarán disponibles hasta el día en que los borre de su navegador.

Siga estos pasos para usar los marcadores en Netscape Communicator 4.0:

- Primero escriba la dirección virtual del servidor Web que desea visitar; en este ejemplo visitaremos el servidor de NASA, con dirección virtual *http://www.nasa.gov.*

- Si desea guardar el enlace a este servidor Web, haga clic sobre "Bookmarks" y luego sobre "Add Bookmarks" (añadir marcadores).

En la siguiente gráfica puede ver cómo, para visitar este servidor Web, de nuevo debe hacer clic sobre "Bookmarks". Después, arrastre el indicador hacia la derecha y luego hacia abajo. Finalmente, haga clic sobre NASA Homepage.

El lenguaje HTML

HTML, o texto resaltado de marcadores, es un lenguaje usado para crear páginas en el Web. Estas páginas se pueden observar con un navegador, como por ejemplo Netscape.

La mayoría de los documentos publicados en el Web son escritos en este lenguaje. Esta clase de documentos se pueden reconocer por tener la extensión HTM.

Este lenguaje le permite crear enlaces de información archivada en una computadora diferente, situada en el mismo sitio de trabajo a la que usted usa o, inclusive, en un país remoto.

Más adelante usaremos una página en el Web para ilustrar varios enlaces entre diferentes páginas.

La siguiente gráfica muestra parte de una página del código necesario para crear la página Web de entrada a Hispanic Online.

```
Source of: http://www.hisp.com/ - Netscape
<html>
<head>
<!-- Copyright 1996 -->
<!-- Copyright 1997 -->
<!-- Copyright 1998 -->
<BASE HREF="http://www.hisp.com/">
<font face="TIMES NEW ROMAN, TIMES, ARIAL, HELVETICA">
<title>HISPANIC Online</title>
<body background="images/back7.gif" BGCOLOR="#FFCD62" LI
</head>
<center>
<table border="0" cellpadding="0" cellspacing="0" width='
  <tr>
  <td align="center" valign="top" width="60">
  <font size="1"><A HREF="table.html"><img src="images/tal
  Issue!" BORDER=0 width="48" height="48"></A><p>This Mont
  <p><A HREF="chat.html"><img src="images/chat.gif" ALT="(
  height="48"></A></p>
```

¿Qué es el HTTP?

HTTP significa protocolo de control de super texto o "HyperText Transfer Protocol". Este es un protocolo de bajo rendimiento. Se basa en el hecho de que toda la información necesaria para localizar documentos está contenida directamente en los mismos documentos. La idea no es nueva, por supuesto; para un usuario de una computadora equivale a la operación de consultar un libro con diferentes capítulos y encontrar en él referencias a otros capítulos del mismo o de otros libros.

El Web se basa en la operación de HTTP como medio de comunicarse con los usuarios de los navegadores. Técnicamente, se puede decir que HTTP es lo mismo que texto, con una diferencia importante: éste contiene la información acerca de cómo conectarse con otros archivos.

En un navegador esta operación funciona en forma tan sencilla como voltear una página en el libro que se está leyendo. Y así como al leer el libro verá algunas veces referencias a otro capítulo, Hypertext hace lo mismo, pues le ordena al navegador ir a otra dirección virtual, cuando usted elija el enlace que está escondido debajo del texto.

Esta página y la anterior acerca del HTML sólo se incluyen a título informativo ya que la forma de funcionar de este protocolo se realiza de una manera casi transparente para el usuario de un navegador.

Cómo reconocer el Hypertext

La manera de distinguir el texto común del Hypertext es pasando el indicador encima de los dos. Usted puede observar, por ejemplo, que si pasa el indicador encima de texto, el símbolo que representa el indicador no cambia. Si pasa el indicador encima de Hypertext, en cambio, el símbolo del indicador cambiará a una mano. En esta forma se dará cuenta de que detrás de este texto existe un enlace ("link"), es decir, una dirección virtual que podrá visitar si elige este nombre o símbolo.

Por ejemplo, si coloca su navegador a la dirección *http://gort.ucsd.edu/news/hc.html* podrá ver una lista de recursos de medios de información hispanos.

Si pasa el indicador encima de algunos de los nombres de periódicos de Latinoamérica, por ejemplo, el símbolo del indicador cambiará a una mano. Esto significa que si escoge este enlace visitará un servidor Web diferente.

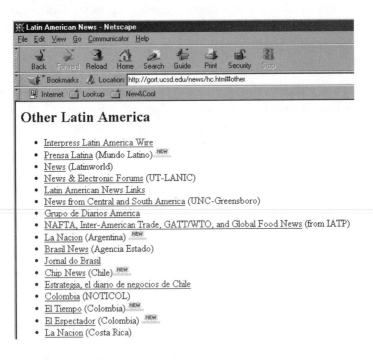

Finalmente, en esta página puede ver los enlaces ("links") escondidos detrás del Hypertext de la página anterior.

La siguiente es una lista de algunos de los enlaces escondidos debajo del Hypertext en la página anterior.

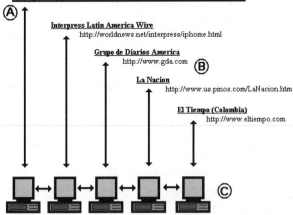

Los siguientes son enlaces ("links") que se pueden encontrar llevando su navegador a la dirección virtual: *http://gort.ucsd.edu/news/hc.html*.

Ⓐ Esta es la dirección virtual.

Ⓑ Este es el Hypertext; en esta gráfica he incluido la dirección virtual del enlace que visitará si elige el Hypertext.

Ⓒ Estos son los servidores Web que atienden los pedidos de información que usted hace cuando elige los enlaces correspondientes.

NOTA | Cuando pasa el indicador por encima de uno de estos enlaces, el señalador del indicador cambia a una mano. Esto significa que hay un enlace ("link") detrás de este texto.

La dirección virtual o URL

La dirección virtual, o URL, es el localizador uniforme de recursos en el Internet. Este también se puede definir como la dirección virtual de un recurso, o sea, de un individuo o de una compañía, en el Internet.

Un URL indica con precisión la dirección virtual de un recurso en el Internet. Por ejemplo, si alguien le indica buscar información en el servidor Web de Hispanic Online, cuando escriba en la localidad del URL *http://www.hisp.com*, el navegador abrirá una página exactamente en la página de entrada a este servidor Web.

La siguiente gráfica le muestra con mucha claridad cómo, cuando reemplaza la dirección virtual en el primer navegador, éste cambia de la página del servidor Web de la compañía Dell al servidor Web de Hispanic Online.

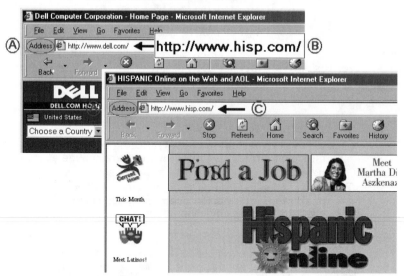

La Dirección Virtual o "URL"

En la gráfica anterior siga los siguientes pasos para usar direcciones virtuales:

Ⓐ En frente de "Address" (dirección virtual) escriba las direcciones que desee visitar. Si desea seguir este ejemplo, escriba *http://www.hisp.com.* En el

navegador de Netscape, "Address" es lo mismo
que "Location".

B Ahora coloque el indicador al final de esta dirección
virtual y haga clic una vez al final de la última
letra de ésta. Ahora pulse la tecla BACKSPACE
poco a poco para borrarla y finalmente reemplace
esta dirección con la dirección virtual de Hispanic
Online: *http://www.hisp.com* y pulse la tecla
ENTER.

C Finalmente, puede ver cómo la dirección en el
navegador es *http://www.hisp.com* y en el área de
trabajo puede observar ahora la entrada al
servidor Web de Hispanic Online.

Para recordar

- El Web es la plataforma de trabajo de más uso en el Internet.

- El protocolo TCP/IP ha contribuido a que el Web haya tenido tánto éxito.

- Los navegadores son las herramientas de trabajo más importantes para usar el Web.

- Usando un navegador, puede realizar un número indefinido de operaciones o diligencias que antes le exigían hacer un viaje fuera de su casa y muchas veces esperar en línea.

- Los dos navegadores de más uso hoy en día son Internet Explorer y Netscape.

- El área de trabajo de un navegador conectada al Internet es como una ventana al resto del mundo virtual.

- Si desea visitar un servidor Web de nuevo, añádalo a su lista de marcadores.

- Cuando pase el indicador en un navegador por encima de Hypertext, el símbolo del indicador cambiará a una mano para indicar un enlace ("link").

- Si desea visitar un servidor Web puede escribir la dirección virtual (URL) directamente en frente del espacio de "Address" con el navegador Internet Explorer o, si usa Netscape, en frente de "Location".

Cómo navegar el Web

Cómo navegar el Web ("surf the Web")

No se sabe con seguridad quién fue el primero que utilizó el término "surf the Web". Lo importante es que se usa actualmente en diferentes idiomas y en casi todos los países del mundo para describir las distintas operaciones que efectuamos a través del Internet, ya sea para conversar o para localizar diferentes clases de información utilizando este medio.

Recordemos que cuando Cristóbal Colón descubrió el Nuevo Mundo su viaje le tomó más de dos meses. Pues bien, hoy en día es posible seguir la ruta de Colón sin necesidad de subirse en una carabela y visitar todavía más países desde la comodidad de su casa, sin exponerse a ninguna tempestad.

La reglas básicas para la navegación en el Web son las siguientes:

- Tener una computadora personal o un sistema que le permita acceso al Internet. Hoy en día algunas compañías están empezando a vender plataformas de acceso al Internet que funcionan conectadas a su televisor. Este sistema se llama "Web TV".
- Tener un navegador.
- Tener una conexión directa o indirecta al Internet.

En las próximas páginas aprenderá a navegar el Web con Internet Explorer y Netscape.

En las gráficas anteriores aparecen los símbolos de Internet Explorer y Netscape Communicator 4.0. En la última gráfica puede ver la mano que le permite cambiar de un servidor Web a otro y de una página Web a otra. Todo esto, por supuesto, sin necesidad de salir de su casa ni usar el pequeño velero de la derecha.

Cómo usar los enlaces ("links") para navegar el Web

En la siguiente gráfica aparece el área de trabajo de un navegador. Cada vez que pasa el indicador por encima de un enlace, una mano le indica que detrás de esa palabra o esa gráfica existe un enlace que puede perseguir para visitar otra página virtual u otro servidor Web totalmente nuevo.

Como puede ver en la gráfica anterior, cuando hace clic sobre un enlace (en este caso "PRESENTACIÓN"), o sea, una sección de la información que aparece en la pantalla y la selecciona, éste le da la orden al navegador de visitar y cargar, o sea, desplegar en el área de trabajo la página Web correspondiente.

De manera invisible a los usuarios de navegadores, cada enlace tiene detrás del nombre que usted puede ver, en este caso "PRESENTACIÓN," una dirección virtual a la cual está ligada, en este caso *http://ujavcali.edu.co/presenta.htm*.

Este proceso lo puede repetir por tiempo indefinido, de modo que de esa página Web puede saltar a otra y así sucesivamente, hasta darle la vuelta al mundo.

Con los ejemplos de esta página aprenderá cómo utilizar los diferentes enlaces para buscar información en casi todos los servidores Web.

La siguiente gráfica le muestra el navegador Internet Explorer 5.0 en el servidor Web de Hispanic Online. El URL de este servidor Web es *http://www.hisp.com*.

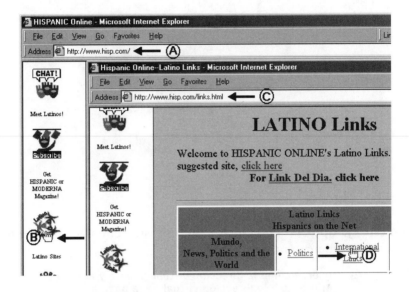

Ⓐ Primero escriba la dirección virtual del servidor Web de Hispanic Online en frente de "Address", *http://www.hisp.com*, ahora pulse la tecla ENTER para visitar la página principal de este servidor.

Ⓑ Cuando la página principal abra, coloque el indicador sobre "Latino Sites" hasta que su símbolo cambie a una mano y haga clic sobre este enlace.

Ⓒ Ahora puede ver cómo la dirección de la nueva página cambió, reflejando la nueva dirección de la página que está viendo en el área de trabajo.

Ⓓ Ahora haga clic sobre "International Links" para buscar información acerca de México.

En la siguiente gráfica puede ver ahora el próximo recuadro, que se abrió después de elegir "International Links", en una dirección virtual diferente.

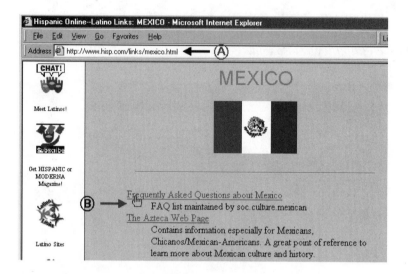

Para este ejemplo, en el recuadro anterior, siga el enlace de México de la siguiente manera:

Ⓐ Observe cómo la dirección virtual cambió y ahora es diferente a la dirección virtual de la página anterior.

Ⓑ Para buscar información acerca de México, haga clic sobre "Frequently Asked Questions about Mexico".

Ahora finalmente puede buscar en este servidor información acerca de la cultura mexicana. Este puede ser el punto de partida para una búsqueda más laboriosa, con la cual podrá encontrar muchos detalles acerca de la cultura de ese país, cuna de la civilización azteca.

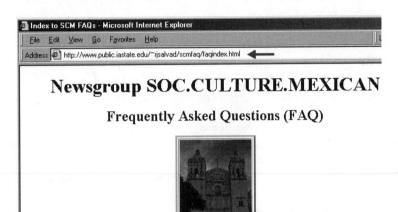

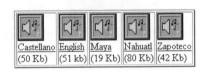

Cómo usar el ratón para regresar a la página anterior

Por el mismo hecho de que un navegador es un programa gráfico, éste se beneficia de todas las herramientas disponibles mientras usa Windows, como el ratón.

En Windows 98 o Me y con un navegador como Internet Explorer 5.0 es posible usar ambos botones del ratón: el izquierdo se utiliza más que todo para efectuar selecciones; el de la derecha para efectuar funciones como volver a la página anterior.

En el siguiente recuadro puede ver dos ejemplos de cómo usar el ratón para regresar a la página anterior.

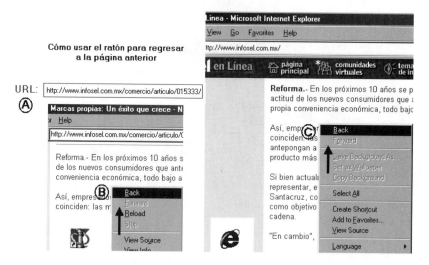

Siga estos ejemplos para usar el ratón con su navegador de esta manera:

Ⓐ Ésta es la dirección virtual en la cual están estos dos navegadores.

Ⓑ Si usa Netscape Communicator 4.0, coloque el indicador sobre este texto una vez; después haga clic sobre la primera opción, "Back", para regresar a la página anterior.

Ⓒ Si usa Internet Explorer 5.0, coloque el indicador sobre este texto; pulse el botón derecho una vez; después pulse el botón izquierdo del indicador sobre la primera opción, "Back" para regresar a la página anterior.

Cómo navegar el Web con las direcciones virtuales (los URL)

Por ejemplo, siga estos pasos si está buscando trabajo y un conocido le aconseja que visite el área de empleos del servidor Web de Hispanic Online, con la dirección virtual *http://findjob.hisp.com*.

En la siguiente gráfica puede ver cómo usar una dirección virtual si tiene Internet Explorer 5.0 o Netscape Communicator 4.0.

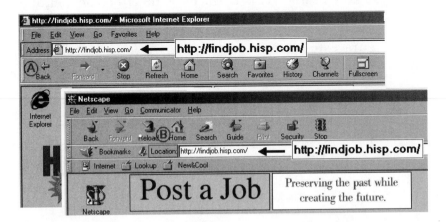

En la gráfica anterior puede ver los dos navegadores más populares: Internet Explorer 5.0 y Netscape Communicator 4.0. Ahora escriba la dirección virtual en su navegador de la siguiente manera.

Ⓐ Si tiene Internet Explorer 5.0, coloque el indicador en frente de "Address" al final de la dirección que aparece en este momento en el navegador y haga clic una vez. Ahora pulse la tecla BACKSPACE (retroceder) poco a poco hasta que sólo quede la primera parte de la dirección virtual, o sea, *"http://"*, ahora puede escribir su dirección virtual. Por último, pulse la tecla ENTER, para pedirle al navegador que busque esta dirección virtual.

Ⓑ Si tiene Netscape Communicator 4.0, coloque el indicador en frente de "Location" al final de la dirección que aparece en este momento en el navegador y pulse el botón izquierdo una vez. Ahora pulse la tecla BACKSPACE (retroceder) poco a poco hasta que sólo quede la primera parte de la dirección virtual, o sea; *"http://"*, ahora puede escribir su dirección virtual. Por último, pulse la tecla ENTER para pedirle al navegador que busque esta dirección virtual.

Qué hacer si la dirección virtual (URL) le indica un error

Una de las situaciones más frustrantes cuando usa el Internet es la de no poder arribar a una página virtual porque cuando trata de visitarla el navegador le muestra un error.

Este ejemplo le enseñará qué hacer si, por ejemplo, alguien le da la dirección virtual de un servidor Web para buscar noticias y cuando trata de usarla recibe un mensaje de error, como el de la siguiente gráfica.

El URL para este ejemplo es: *http://www.latimes.com/HOME/ARCHIVES/power3.htm.*

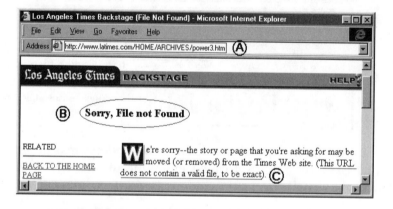

En el recuadro anterior puede ver lo siguiente:

Ⓐ Esta es la dirección virtual URL que está tratando de visitar.

Ⓑ Este es el mensaje que el servidor Web del periódico *Los Angeles Times* le devuelve cuando trata de visitar esta página virtual: "Sorry, File not Found", o sea, "Perdón, pero no puedo encontrar el archivo que busca."

Ⓒ En esta línea subrayada en rojo puede ver todavía un mensaje más definitivo: "This URL does not contain a valid file, to be exact", o sea, "Para ser más exactos, esta dirección virtual no contiene un archivo válido."

En la siguiente gráfica puede ver claramente los diferentes segmentos de la dirección virtual de la página anterior. Por el error que devolvió el servidor Web del periódico *Los Angeles Times*, es fácil deducir que el último segmento de esta dirección virtual no corresponde a un archivo en ese servidor Web. Si desea insistir en esta dirección virtual, redúzcala segmento por segmento.

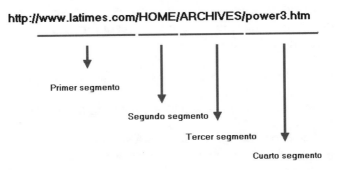

Los segmentos de una dirección virtual (URL)

http://www.latimes.com/HOME/ARCHIVES/power3.htm

Primer segmento

Segundo segmento

Tercer segmento

Cuarto segmento

La gráfica anterior representa los diferentes segmentos de una dirección virtual (URL).

Cuando siga este ejemplo es importante recordar que si el servidor Web ha cambiado de lugar o por algún motivo lo han clausurado temporal o permanentemente, el navegador le mostrará un error en la pantalla diciendo que no se pudo comunicar con el servidor Web.

Si tiene problemas hallando una página en un servidor Web, trate de reducir letra por letra la dirección; de esta manera tal vez pueda encontrar que el recurso fue cambiado de sitio en el mismo servidor Web.

Si desea seguir este ejemplo, visite el servidor Web del periódico *Los Angeles Times* en la dirección virtual:

http://www.latimes.com/HOME/ARCHIVES/power3.htm.

Este ejemplo es excelente por el hecho de que este servidor Web le da más información acerca del porqué usted no puede encontrar la página virtual que está buscando.

Recuerde cuando siga este ejemplo que cada página virtual tiene una dirección única; es decir que si escribe mal la dirección virtual o esta página ya no existe, el servidor Web que está tratando de visitar le mostrará un error como en la página anterior.

Cómo reducir una dirección virtual segmento por segmento

La manera de reducir una dirección virtual es quitar el último segmento de ésta. Si después de quitar el último segmento todavía no aparece una dirección real, siga removiendo segmentos hasta encontrar una página que funcione. De esta forma puede continuar la búsqueda de la información que necesita.

Cómo reducir una dirección virtual segmento por segmento

(A)

http://www.latimes.com/HOME/ARCHIVES/power3.htm

http://www.latimes.com/HOME/ARCHIVES/ ⟵ (B)

Primer segmento

Segundo segmento

Tercer segmento

En la gráfica anterior, siga estos pasos para reducir una dirección virtual:

(A) Para reducir esta dirección virtual, coloque el indicador al final de ésta y pulse el botón izquierdo una vez. Ahora pulse poco a poco la tecla BACKSPACE para quitar el último segmento de la dirección virtual. Este es el segmento "power3.htm".

(B) Ahora puede ver la nueva dirección virtual, *http://www.latimes.com/HOME/ARCHIVES/*; para usarla coloque el indicador al final de la dirección y pulse el botón izquierdo una vez; ahora pulse la tecla ENTER para pedirle al navegador que la busque.

Finalmente, puede ver en la siguiente gráfica que la nueva dirección es valida. Desde esta dirección virtual puede continuar la búsqueda de la información que necesite.

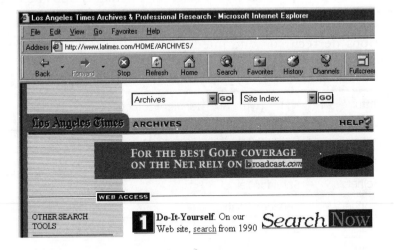

Tipos de recursos en el Web

Esta es una página de referencia para aquellas personas que tengan inquietudes por aprender a reconocer los diferentes tipos de recursos en el Internet.

Los tipos de recursos que pueden ser utilizados con un navegador son:

http://	HTTP "HyperText Transfer Protocol", o protocolo de transferencia de hipertexto
ftp://	Protocolo de transferencia de archivos (FTP)
file://	Archivo local del HTML
telnet://	Servidor Telnet
gopher://	Servidor Gopher
wais://	Servidor Wais
news:	Grupo de noticias Usenet

NOTA

Esta página virtual del proveedor de servicios al Internet Pacific Bell le puede ayudar a decidir si su computadora tiene los requisitos necesarios para usar Netscape Communicator: *http://public.pacbell.net/download/sysreq.html*

Complementos de un navegador ("Plug-ins")

Un complemento (Plug-in) es un programa que aumenta la funcionalidad de los navegadores, permitiéndoles la capacidad de funcionar con diferentes tipos de archivos.

Los complementos más comunes le permiten escuchar sonido y mirar vídeo. Uno de los complementos más usados es RealPlayer™. Este programa le permite escuchar el sonido anexo a algunas páginas virtuales.

Utilizando este tipo de programas y dependiendo de la configuración de su computadora, es posible escuchar las noticias en algunas emisoras de radio latinoamericanas y de Estados Unidos.

En este ejemplo usaremos RealPlayer, que le permite escuchar emisoras que trasmiten la señal de radio a través del Internet.

Para usar RealPlayer es necesario establecer una conexión al Internet y luego abrir el complementador.

Este programa se puede conseguir gratuitamente visitando el servidor Web de la compañía Real, en la dirección virtual: *http://www.real.com*.

Sin embargo, tanto la versión de los navegadores Internet Explorer 5.0 como la versión de Netscape Communicator 4.0, le permiten escuchar sonidos sin necesidad de este complemento.

Instalar un complemento de navegador puede ser una experiencia muy grata o puede ser muy frustrante. Si desea tener la capacidad de escuchar emisoras de su país, averigüe primero si allí existen emisoras que trasmitan a través del Internet. Después trate de buscar a alguien que le pueda ayudar a resolver los problemas que encuentre mientras instala el complemento a su navegador.

Cómo escuchar una emisora de radio en el Internet

En este ejemplo aprenderá a usar el complemento de RealPlayer para escuchar la emisora Caracol de Colombia. Hoy en día, emisoras de todas partes del mundo trasmiten su señal por el Internet.

Para abrir este programa coloque el indicador sobre el símbolo de RealPlayer y pulse el botón izquierdo dos veces.

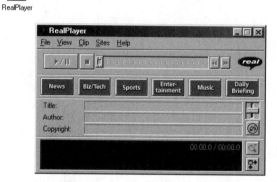

De esta manera podrá escuchar algunas transmisiones de radio sin necesidad de conseguir un radio de onda corta. Para poder usar este complemento a un navegador es necesario tener una tarjeta de sonido adecuada y bocinas altoparlantes conectadas a su computadora.

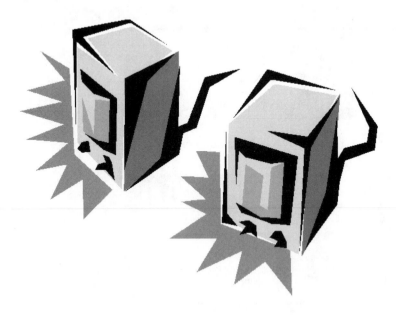

Ahora abra su navegador en la página de "Caracol Colombia", la emisora de radio colombiana que trasmite su señal de radio a través del Internet.

El URL de Caracol Colombia es: *http://www.caracol.com.co*.

Cuando vea la siguiente gráfica, elija el símbolo de "EN VIVO".

En la próxima gráfica, elija la selección correspondiente.

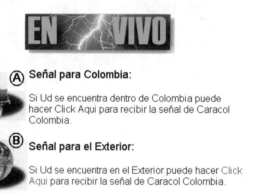

Para comenzar el proceso de escuchar la radio coloque el indicador sobre estos símbolos:

Ⓐ Haga clic sobre este símbolo si vive en Colombia.

Ⓑ Haga clic sobre este símbolo si vive en el exterior.

Ahora puede ver cómo el complemento RealPlayer está recibiendo señales de radio.

En esta emisora de radio puede escuchar noticias de última hora, partidos de fútbol y diferentes acontecimientos de Colombia y el mundo.

Señal para el Exterior:

Si Ud se encuentra en el Exterior puede hacer Click Aqui para recibir la señal de Caracol Colombia.

Si trata de usar el programa Real Player desde su oficina, puede que éste no funcione, debido a un servidor de seguridad llamado "Firewall" (pared de fuego). Recuerde siempre pedir ayuda al administrador de su red antes de cambiar cualquier parte de la configuración de su navegador.

Para recordar

- El Web es la plataforma de trabajo de mayor uso en el Internet.

- El protocolo TCP/IP es una de las causas fundamentales por la cual el Web ha tenido tanto éxito.

- Los navegadores son los recursos de trabajo más importantes para usar el Web.

- Usando un navegador se puede realizar un número ilimitado de operaciones o diligencias, que antes le exigían salio de su casa y, muchas veces, esperar en línea.

- Los dos navegadores de mayor uso hoy en día son Internet Explorer y Netscape.

- El área de trabajo de un navegador conectado al Internet es como una ventana al resto del mundo virtual.

- Usar marcadores en un navegador es una medio fácil de regresar a los sitios que visita con más frecuencia.

- Los marcos en un navegador le permiten trabajar con múltiplo páginas en un mismo servidor.

- HTML es el lenguaje usado para crear páginas Web.

- Un enlace se distingue de un navegador mediante el indicador. Cuando pasa el indicador encima del texto; el símbolo del indicador cambiade flecha a una mano o viceversa.

- Si desea visitar un servidor Web puede escribir su dirección virtual enfrente de "Address" o "Location".

- Navegar el Web es el proceso de seguir enlaces hasta encontrar la información que se busca.

- Si la dirección virtual del sevidor que está tratando de usar no funciona, redúzcala: segmento por segmento.

- Uno de los complementos más populares de un navegador es el RealPlayer.

El Internet como biblioteca virtual

El Internet como biblioteca virtual

El Internet es una red de computadoras, localizadas en casi todos los países del mundo. Algunas de ellas trabajan, a veces, sin la atención constante de un ser humano, en lugares tan remotos como el Polo Norte.

Estos equipos contienen millones de páginas de información acerca de todas las áreas del conocimiento y todos los temas sobre los cuales se ha hablado, escrito e investigado en el curso de la historia de este planeta. Si quiere imaginarse cuánta información está contenida en el Internet, piense en su biblioteca local multiplicada 500 millones de veces.

La siguiente gráfica representa una biblioteca. Cuando usa el Internet, tiene acceso a información que ocuparía el espacio de miles de edificios de bibliotecas como ésta. Y todo lo que necesita para usarla es una conexión al Internet y un navegador.

Cómo buscar información en el Internet

Piense usted en la dificultad de buscar, por ejemplo, tres o cuatro fuentes de financiación para su nuevo negocio de partes para automóviles y el tiempo que le tomaría ir de banco en banco, visitar varias veces la Cámara de Comercio local o visitar la biblioteca para encontrar la corporación adecuada. Por medio del Internet, en cambio, podrá encontrar no solamente tres o cuatro, sino una gran variedad de bancos y corporaciones financieras y escoger la que más se ajuste a la categoría de su negocio y sus condiciones particulares.

En el Internet se puede encontrar información de varias maneras.

- Usando la dirección virtual de la entidad que necesita, la cual puede conseguir por intermedio de un amigo, un catálogo, una revista u otro medio de circulación. Supongamos que usted ya conoce la dirección virtual o URL de Hispanic Online: *http://www.hisp.com*. Sencillamente escríbala en frente de "Address" en su navegador.

  Como puede ver en la siguiente gráfica, si escribe en frente de "Address" la dirección virtual de arriba y está conectado al Internet, este navegador le permitirá despegar la hoja del servidor Web de Hispanic Online.

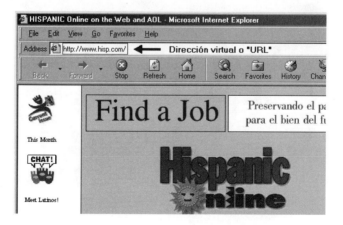

■ Usando uno de los motores de búsqueda, por ejemplo Lycos.

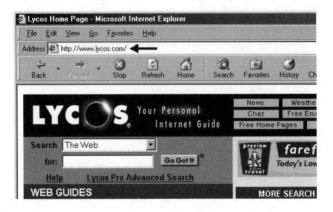

■ Usando los enlaces ("links") en la página que está visitando. Es decir, que si por ejemplo está visitando el servidor virtual de Hispanic Online y vé un enlace que le interesa, puede saltar a éste, eligiendo el enlace correspondiente. En la siguiente gráfica puede ver cómo al pasar el indicador sobre el símbolo correspondiente a "Find a Job" (encontrar empleo), éste cambia a una mano pequeña; si pulse el botón izquierdo una vez sobre este enlace, la pantalla cambiará de página y abrirá una nueva, para que pueda visitarla.

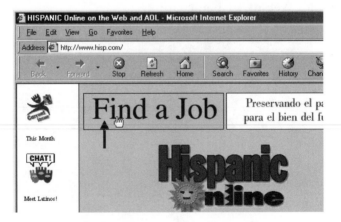

Más acerca de los territorios virtuales y cómo encontrar información acerca de compañías que tienen territorios virtuales registrados

En el capítulo primero pudo ver un poco acerca de los territorios virtuales ("domain names") y cómo estos son únicos; es decir que por ejemplo, sólo puede haber un territorio virtual con el nombre Latina.com.

Cuando esté buscando información en el Internet recuerde que hoy en día las compañías más grandes del mundo han comprado los derechos de territorios virtuales de los nombres que las identifican, es decir, el nombre que precede a la palabra ".com". Si por ejemplo, necesita información acerca de la historia de la compañía IBM, lo puede hacer escribiendo el nombre completo o la abreviatura de la compañía enfrente de "Address"; en este caso escribir *http://www.ibm.com*.

En la siguiente gráfica puede ver el servidor Web de la compañía IBM; si desea visitar el servidor Web de otra compañía sólo reemplace la parte de "IBM" con el de la compañía que desea visitar y después pulse la tecla ENTER.

Cómo encontrar información en el Internet acerca de diferentes productos

Hoy en día muchas compañías están comprando el derecho a territorios virtuales para promover sus productos. Por este motivo es casi seguro que si escribe la dirección del modelo del carro que desea comprar o de la película que desea ver pueda encontrar información acerca de este producto en el Internet usando solo el nombre del producto.

Por ejemplo, si desea encontrar información sobre Kool-Aid y piensa que éste puede tener un servidor Web, escribirá:

http://www.Kool-Aid.com.

Inmediatamente, el servidor Web de la compañía Kraft Foods, propietaria de Kool-Aid, se abrirá. De este forma será posible encontrar la información que desea.

La siguiente gráfica representa la pantalla de entrada al servidor Web de la compañía Kraft Foods. Como puede ver, éste se abrió en su navegador después de su petición de información acerca de Kool-Aid.

Las motores de búsqueda ("search engines")

A primera vista, encontrar información en el Internet por ser un conglomerado tan grande de computadoras y de recursos que se extiende a través de todos los países del mundo puede parecer una tarea poco menos que imposible de lograr.

Sin embargo, el hecho mismo de que toda esta información esté guardada en computadoras, a través de redes comunicadas entre sí, ayuda mucho a encontrar la información.

Estas entidades, en realidad, no son más que compañías dedicadas a buscar información y catalogarla. De esta manera, el público en general no necesita saber exactamente todas las direcciones virtuales para encontrar la información que desea; lo único que necesita saber son las palabras que distingan esta información de otra.

Es decir, que si desea buscar información acerca de Julio César Chávez no debe escribir solamente Julio César; escriba "Julio César Chávez, boxer" (boxeador). De esta manera Lycos, o cualquiera de los otros motores de búsqueda de información, no se confundirá, ni le presentará una cantidad de posibles direcciones virtuales que en realidad no tienen nada que ver con el pugilista mexicano.

NOTA

En algunos programas, como en el programa de ayuda del Internet Explorer, el término "search engines" aparece traducido al español como motores de búsqueda. Usted, como lector y usuario del Internet, es el que decide: o "motor de búsqueda" o "herramienta de búsqueda". Ambas formas pueden ser correctas.

En este libro aprenderá usted a buscar información mediante tres de los motores de búsqueda más populares que existen el día de hoy:

- AltaVista
- Lycos
- Yahoo en español

Todos los motores de búsqueda conocidos para buscar información son igualmente eficientes, pero es importante familiarizarse con varios, debido a que a veces uno le puede brindar información más detallada que el otro, en su caso particular.

Esto se debe al proceso que siguen los motores de búsqueda para catalogar y archivar la información que existe en diferentes páginas virtuales a través del Web. Este proceso funciona de la siguiente manera: en algunos casos el administrador de un servidor Web registra su página para que sea examinada y luego catalogada por un motor de búsqueda (como Lycos).

Por este motivo, si tiene problemas para encontrar la información en uno de estos motores de búsqueda, trate otro y así sucesivamente. Este procedimiento casi siempre funciona.

Ninguno de estos motores de búsqueda le cobra a usted dinero por ayudarle a encontrar la información que desea hallar. Esto puede cambiar en un futuro, pero por el momento toda esta información es gratuita. Si alguna vez encuentra un servidor Web que le quiere cobrar por la información, trate de buscarla a través de otro.

Cómo escribir el pedido de información

Estos son algunos consejos para escribir su pedido de información en un motor de búsqueda:

- Por ejemplo, si está planeando pasar un verano en Puerto Vallarta, no se contente solamente con la información general acerca de Puerto Vallarta; amplíe su búsqueda a aspectos más concretos, como hoteles o atracciones especiales para que de esta manera los resultados sean más cercanos a lo que desea.

- Aunque no es necesario escribir en mayúsculas o minúsculas, trate de escribir en forma semejante a como lo haría en un procesador de palabras.

- Use el nombre de lugares geográficos, para mejorar la calidad de la información que recibe; por ejemplo, si busca información acerca de Mario Moreno (Cantinflas) y no especifica México, puede recibir información acerca de artículos que han salido en el Japón (y en japonés) acerca de este inolvidable comediante y actor mexicano.

NOTA

Use las instrucciones que están en el capítulo sexto si desea guardar la información que encontró usando uno de estos motores de búsqueda. Estas le ayudarán a copiar la información a un procesador de palabras o a guardar archivos en su disco duro.

AltaVista

Este motor de búsqueda pertenece a la compañía Digital y es uno de los servidores más populares en su categoría.

Este servidor cataloga y guarda información en sus computadoras acerca del contenido de páginas Web y después permite que cualquier usuario con acceso al Internet use el servicio para aprovechar la información que catalogó.

La dirección virtual de AltaVista (URL) es: *http://www.altavista. digital.com.*

En el siguiente recuadro puede ver la página principal de entrada al servidor Web de AltaVista.

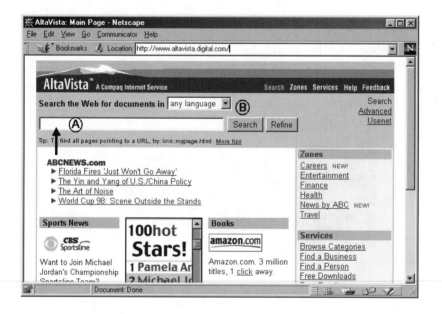

Siga estos pasos para pedir información por medio de este motor de búsqueda:

Ⓐ En esta casilla escriba la palabra o palabras que mejor describan la información que desea hallar.

Ⓑ Por último, coloque el indicador a "Search" y haga clic en el botón izquierdo.

Cómo buscar información con AltaVista

En las siguientes gráficas puede ver los pasos para buscar y encontrar información en el Internet usando AltaVista.

Primero establezca una conexión al Internet y abra su navegador.

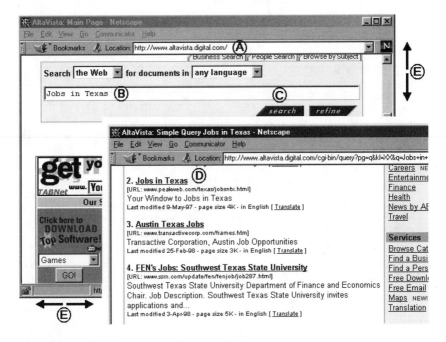

Mirando la gráfica anterior, siga estos pasos para hallar información en AltaVista:

A Donde dice "Location", escriba la dirección electrónica de AltaVista:
http://www.altavista.digital.com

B En esta casilla escriba la palabra o palabras que mejor describan lo que desea buscar.

C Coloque el indicador encima de "Search" (buscar) y haga clic una vez para pedirle al servidor Web la información que desea.

D En el siguiente recuadro puede ver varias de las respuestas a su búsqueda de información. Por último coloque el indicador encima de "Jobs in Texas" y haga clic una vez; en la próxima hoja puede ver ahora la página principal de este servidor Web.

E Si su navegador no está llenando toda la pantalla, puede usar las barras de subir y bajar y las de mover la página de un lado al otro; así podrá ver mejor el documento que busca.

Finalmente, usted puede ver en esta página la entrada al servidor que anuncia trabajos en Texas.

De nuevo insistimos en que es importante recordar que muchas veces será necesario cambiar la manera de pedir la información para llegar a la respuesta correcta.

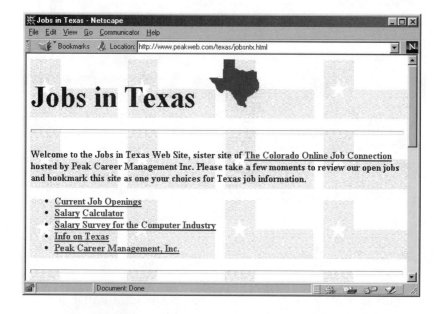

Jobs in Texas - Netscape
File Edit View Go Communicator Help

Bookmarks   Location: http://www.peakweb.com/texas/jobsntx.html

Jobs in Texas

Welcome to the Jobs in Texas Web Site, sister site of The Colorado Online Job Connection hosted by Peak Career Management Inc. Please take a few moments to review our open jobs and bookmark this site as one your choices for Texas job information.

* Current Job Openings
* Salary Calculator
* Salary Survey for the Computer Industry
* Info on Texas
* Peak Career Management, Inc.

Document: Done

Es un buen consejo refinar el pedido de información y ser más específico, para que su motor de búsqueda le presente resultados que estén más de acuerdo con su experiencia y expectativas. Así podrá, por ejemplo, buscar empleos en el ramo de la educación, la construcción y la electrónica y también en la parte del mundo en donde desea vivir y trabajar.

Lycos

Lycos es otro motor de búsqueda para encontrar recursos en el Internet. Por lo general las compañías se ponen en contacto con Lycos para que haga una evaluación del contenido de sus páginas virtuales. Una vez que Lycos recibe el pedido de la compañía que desea figurar en su catálogo, Lycos visita el servidor de esta compañía y trata de allegar se el mayor volumen posible de información sobre ella, para catalogarla y almacenarla en los archivos de Lycos.

La dirección virtual, o URL, de Lycos es: *http://www.lycos.com*.

En el siguiente recuadro puede ver la página principal de entrada al servidor Web de Lycos.

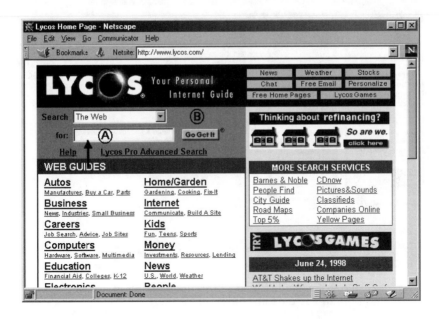

Siga estos pasos para pedir información a este motor de búsqueda:

Ⓐ En esta casilla escriba la palabra o palabras que describen la información que desea hallar.

Ⓑ Por último, coloque el indicador a "Go Get It" y haga clic.

Cómo buscar información con Lycos

En las siguientes gráficas puede ver los pasos para buscar y encontrar información en el Internet usando Lycos.

Primero establezca una conexión al Internet y abra su navegador.

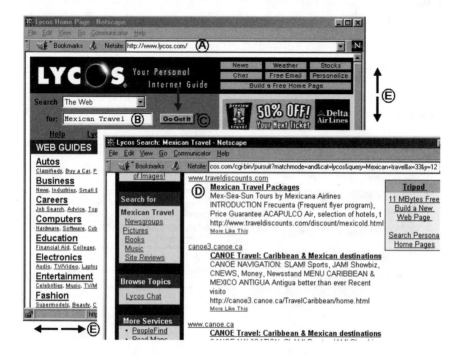

Mirando la gráfica anterior, siga estos pasos para hallar información en Lycos:

Ⓐ En la casilla destinada a localidad en la red, escriba la dirección electrónica de Lycos:
http://www.lycos.com

Ⓑ En esta casilla escriba la palabra o palabras que mejor describan lo que desee buscar.

Ⓒ Coloque el indicador encima de "Go Get It" y haga clic con el botón izquierdo una vez, para pedirle a este servidor Web la información que necesita.

Ⓓ En el siguiente recuadro puede ver varias de las respuestas a su búsqueda de información. Por

último, coloque el indicador encima de "Mexican
Travel Packages" y haga clic una vez; en la
próxima hoja puede ver ahora la página principal
de este servidor Web.

E De nuevo, si su navegador ocupa sólo una parte de
la pantalla, puede usar las barras de subir y bajar
y las que ayudan a mover la página de un lado a
otro para ver mejor el documento que busca.

Finalmente, usted puede ver en esta página la entrada al servidor
que anuncia "Tours" (viajes) a México.

Es importante recordar que muchas veces será necesario cambiar la
manera de pedir información para llegar a la respuesta que usted
necesita.

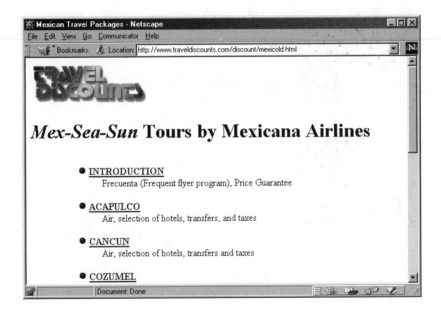

Yahoo en español

Este es un nuevo motor de búsqueda dedicado a las más de 400 millones de personas que hablan el idioma español y fue inaugurado el 4 de junio de 1998. Este motor de búsqueda esta dividido en 14 categorías, con temas de interés para toda la comunidad hispana, incluyendo un servicio de noticias en español.

La dirección virtual, o URL, de Yahoo en español es *http://espanol. yahoo.com.*

En el siguiente recuadro puede ver la página principal de entrada al servidor Web de Yahoo en español.

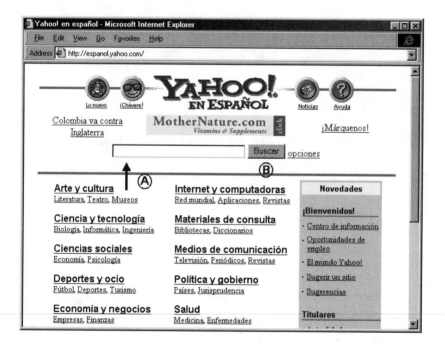

Siga estos pasos para pedir información por medio de este motor de búsqueda:

A En esta casilla escriba la palabra o palabras que describen mejor la información que desea hallar.

B Por último, coloque el indicador a "Buscar" y haga clic con el botón izquierdo.

Cómo buscar información con Yahoo en español

En las siguientes gráficas puede ver los pasos para buscar y encontrar información en el Internet usando Yahoo en español.

Primero establezca una conexión al Internet y abra su navegador.

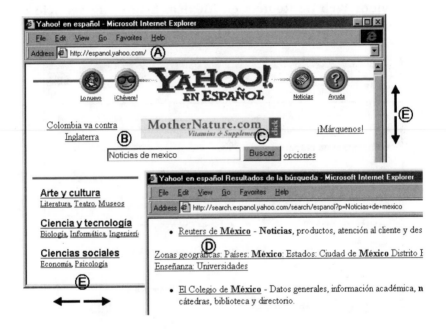

Mirando la gráfica anterior, siga estos pasos para hallar información en Yahoo en español:

A En la casilla destinada a localidad, escriba la dirección virtual de Yahoo en español: *http://espanol.yahoo.com*

B En esta casilla escriba la palabra o palabras que mejor describan lo que desee buscar.

C Coloque el indicador encima de "Buscar" y haga clic una vez para pedirle a este servidor Web la información que necesita.

D En el siguiente recuadro puede ver varias de las respuestas a su búsqueda de información. Por último, coloque el indicador por encima de "Reuters de México" y haga clic una vez; en la próxima hoja puede ver ahora la página principal de este servidor Web.

E   De nuevo, si su navegador está ocupando solo una parte de la pantalla, puede usar las barras de subir y bajar y las que ayudan a mover la página de un lado a otro, para ver mejor el documento que busca.

Finalmente, en el siguiente recuadro puede ver la página principal del servidor Web de Reuters en México. Este es un servicio de noticias que opera en México desde hace cien años.

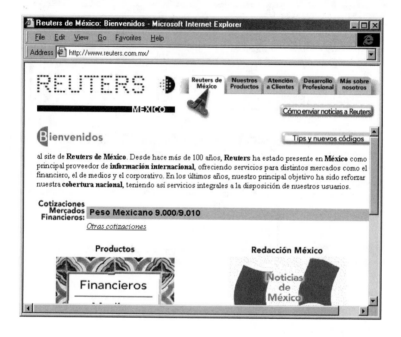

Para recordar

- El Internet es una red de millones de servidores, distribuida en casi todos los países del mundo.

- Las dos maneras más comunes de encontrar información en el Internet son: usando la dirección virtual del sitio que desea visitar o usando un motor de búsqueda.

- En el Internet cada territorio virtual es único; es decir: que sólo puede haber un territorio virtual con el nombre Latina.com, por ejemplo.

- Lycos es uno de los motores de búsqueda más populares.

- Yahoo en español es un nuevo motor de búsqueda dedicado a los más de 400 millones de personas que hablan el idioma español.

- Si desea hacer un pedido de información usando un motor de búsqueda, sea lo más especifico que pueda; de esta manera, las respuestas que recibirá serán más cercanas a lo que busca.

Cómo sacarle provecho al Internet

Usos prácticos del Internet

Una de las ventajas más importantes de usar el Internet es la posibilidad de sacar la información que encontramos y usarla de una manera útil, ya sea copiándola al disco duro, a un procesador de palabras o imprimiéndola.

Imagínese, por ejemplo, que llega a una biblioteca y encuentra la información que buscaba acerca de la Declaración de Independencia de los Estados Unidos; antes del Internet, o si usted no tiene acceso a él, le sería necesario consultar diferentes libros y tomar notas. Con el Internet, por el contrario, todas estas operaciones se pueden realizar utilizando solamente el indicador, con la ventaja adicional de poder archivar en su disco duro toda la información que encontró para utilizarla luego, cuantas veces sea necesario.

En este capítulo aprenderá a bajar información a su computadora usando cualquiera de los dos navegadores más populares: Internet Explorer y Netscape.

Estos ejemplos también pueden ser aplicados si usa cualquiera de los servicios en línea, como America Online.

Para seguir este ejemplo:

 Primero establezca una conexión al Internet.

Internet
Explorer

Una vez que establezca una conexión al Internet, coloque el indicador sobre el símbolo de su navegador y selecciónelo.

Netscape
Communicator

Cómo copiar archivos del Internet al disco duro

En algunos de los capítulos anteriores comparé el Internet con una red local, sólo que más grande. Esta comparación es válida la mayor parte de las veces, porque el Internet también es una red y también sigue el mismo modelo de cliente-servidor.

Sin embargo, el proceso de copiar archivos del Internet a su computadora es un poco diferente al de intercambiar información entre varias computadoras si éstas están conectadas a una red local, porque en el último caso los equipos están más próximos el uno del otro, lo cual permite copiar muchos archivos al mismo tiempo, con mayor rapidez. En cambio, en el Internet la velocidad disminuye y es difícil bajar más de un archivo al mismo tiempo. La tecnología del Internet, sin embargo, ha avanzando de tal forma que esta situación puede cambiar mañana mismo.

En las páginas siguientes verá los pasos que debe seguir para bajar a su disco duro programas que estén en diferentes servidores Web alrededor del mundo.

Los dos tipos de programas más comunes para copiar a su disco duro son los de "shareware" (programas de evaluación o prueba) y "freeware" (programas gratuitos).

Como puede ver en las dos siguientes gráficas, el proceso de copiar, o "Download", archivos al disco duro es muy simple: primero lo selecciona y después lo copia a su disco duro.

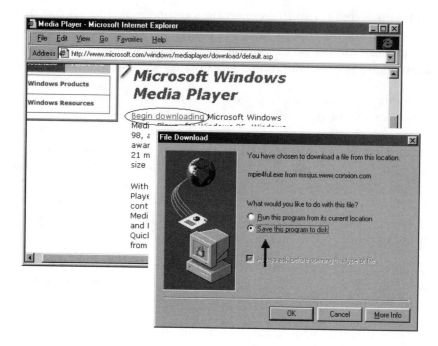

La diferencia entre los programas "shareware" y los "freeware"

El Internet sirve no sólo para buscar información e intercambiar ideas, sino también para buscar y encontrar programas que le ayuden a adquirir un mejor dominio sobre el uso de su computadora personal.

Una de las conveniencias más interesantes de usar una computadora personal y tener una conexión al Internet es la de poder buscar y copiar a su computadora personal programas de toda clase.

Los dos tipos de programas más populares en este grupo son:

- programas de evaluación ("shareware")
- programas gratuitos ("freeware")

Los programas de evaluación se obtienen por lo general a través de compañías que todavía no son muy conocidas; aunque a veces compañías de software importantes, como Microsoft, también ofrecen la oportunidad de probar gratis algunos de sus programas por tiempo limitado.

Muchas compañías ofrecen programas por los cuales no hay que pagar dinero alguno, llamados "freeware". Algunos de estos programas se ofrecen por lo general en servidores Web de revistas de computadoras.

Los ejemplos de las páginas siguientes ilustran en una forma muy sencilla cómo usar programas que encuentre en servidores Web a través del Internet sin importar el navegador o el servicio en línea que use, a menos que tenga un navegador obtenido antes de 1996 (en este caso puede que estos ejemplos no funcionen bien con su navegador).

NOTA

Algunas compañías le permiten usar sus programas de evaluación por tiempo limitado, aunque en algunos casos es posible seguir usándolos después de la fecha de expiración. Pero en general los programas de evaluación dejan de funcionar después de un tiempo especificado.

Cómo copiar programas de evaluación, o "shareware", al disco duro

Las páginas que siguen ilustran cómo funciona el proceso de conseguir un programa de evaluación. Este es sólo un ejemplo y si no necesita este programa no lo copie a su disco duro.

En este caso, el nombre de la compañía que ofrece este programa es IPSWITCH y el nombre del programa es WS_FTP® Pro.

WS_FTP® Pro es un programa que le ayuda a usar el protocolo de transferir archivos (FTP) para bajar los archivos de un servidor Web al disco duro.

Este es sólo un ejemplo de cómo funciona el proceso de copiar archivos al disco duro:

Primero abra su navegador en la dirección virtual o URL: *http://www.ipswitch.com.*

Cuando vea la ventana de entrada al servidor Web de IPSWITCH, coloque el indicador sobre "Downloads" (copiar) y haga clic una vez.

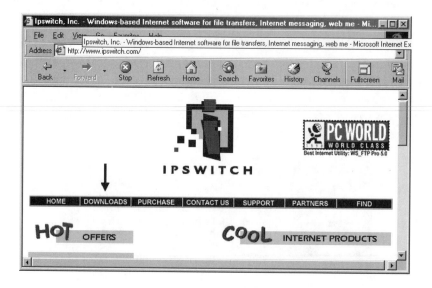

Por favor observe el siguiente gráfica. En éste puede elegir el programa que desea copiar a su disco duro. Para este ejemplo, elegí WS_FTP Pro 5.0, un programa que puede ser usado para copiar otros programas de servidores Web.

Evaluation Software

Try Ipswitch software free before you buy it – download full-featured evaluation copies!

Evaluation software will cease to function 30 days after installation, except for IMail Server which lasts 45 days. This evaluation software is for Intel platforms only; for Alpha versions please contact our sales team. Most of these downloads are in compressed zip format; see our utilities section if you need unzipping software.

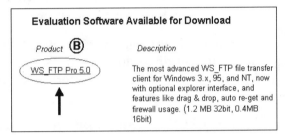

Evaluation Software Available for Download

Product B	Description
WS_FTP Pro 5.0	The most advanced WS_FTP file transfer client for Windows 3.x, 95, and NT, now with optional explorer interface, and features like drag & drop, auto re-get and firewall usage. (1.2 MB 32bit, 0.4MB 16bit)

Ahora mire la gráfica anterior y siga estos pasos:

A Este es el primer mensaje que verá después de elegir "Download"; en él se le informa que éste programa, que acaba de copiar, dejará de funcionar en 30 días. Si después de ese tiempo usted decide seguir usándolo, lo tiene que comprar. Ahora pulse la tecla PAGE DOWN para ver el resto de esta página.

B En la segunda sección de esta página coloque el indicador sobre el programa WS_FTP Pro 5.0 y si desea copiarlo a su disco duro elíjalo haciendo clic con el botón izquierdo.

Cómo registrarse con un servidor Web

Para seguir a la segunda parte de esta página virtual use las flechas o la tecla PAGE DOWN hasta ver la sección de "Registration & Download" (inscripción y copiada de archivos al disco duro).

Muchas veces cuando elige copiar un programa de un servidor Web, la compañía que le permite hacerlo le exigirá que usted se registre con ellos. De esta manera ellos le pueden enviar información acerca de cambios o problemas que puede encontrar usando el programa. Si usted omite registrarse, la mayoría de las compañías le negarán acceso a los servicios que ofrecen.

Este es le primer recuadro que verá si elige copiar este programa de demostración a su disco duro; después de este recuadro aparecerá la página donde debe llenar su información personal.

WS_FTP® Pro Registration & Download

To Download: Please complete the following form to proceed. The information you enter here will be held in strict confidence and will not be sold to others. The fully functional evaluation version will expire 30 days after installation. Visit the <u>purchase page</u> for information on how to buy our products online. *Fields in **Bold** are required!*

All WS_FTP Pro downloaders who fill in the registration form completely are entered into a monthly drawing to **win a free Ipswitch Watch!** Check out our <u>Download to Win</u> promotion for details.

NOTA

Las páginas siguientes son sólo ejemplos para ilustrar cómo funciona el proceso de copiar archivos de servidores Web a su disco duro y de aprender a registrar su nombre con una de estas compañías, requisito indispensable para usar algunos servidores Web. Por último, si no necesita este programa de la compañía IPSWITCH, no lo copie a su computadora.

Ahora verá el próximo recuadro. En éste, escriba su información personal para registrarse con esta compañía. Coloque el indicador a la barra de subir esta página para ver el resto de ella. También puede usar la tecla PAGE DOWN.

Step 1: Please tell us about yourself.

First Name:	Restrepo
Last Name:	Jaime
Title:	
Company:	
Street Address:	33 Monroe St
City:	Greenville
State/Province:	MA
Zip/Postal Code:	05898
Country:	USA
Telephone:	
E-mail Address:	jrestrepo@Aol.com
Where did you hear about Ipswitch?	Please Choose One...
Please specify...	
When do you plan to make a purchase decision?	Within 30 Days
How many users in your organization need WS_FTP Pro?	10 to 100 Users

Cuando termine de escribir su información personal, elija "Finished" en la parte de abajo del recuadro para enviar esta forma.

Step 2: Click on the Finished button below to start your download.

Cómo guardar al disco duro un programa que encontró en un servidor Web

Cuando aparezca el siguiente recuadro, observe los diferentes sitios desde donde puede copiar este programa y escoja aquel más próximo a su localidad; haciendo clic sobre él una vez.

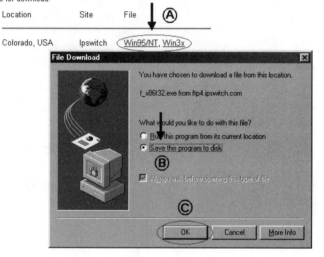

Mirando la gráfica anterior, siga los siguientes pasos:

Ⓐ Primero coloque el indicador sobre la descripción del tipo de sistema operativo que usa; si tiene Windows 95 o 98 coloque el indicador sobre "Win 95/NT.Win 3x" y haga clic una vez.

Ⓑ Ahora coloque el indicador sobre "Save this Program to Disk" (guardar en el disco duro) y haga clic una vez.

Ⓒ Finalmente, haga clic sobre "OK" para confirmar su selección.

En el siguiente recuadro puede ver el último paso para guardar el
archivo de este servidor Web en el disco duro.

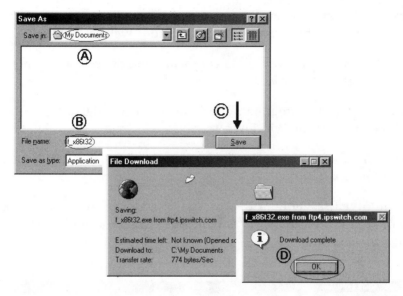

En el recuadro superior siga los siguientes pasos para guardar este
archivo en el disco duro:

Ⓐ Ésta es la carpeta en la cual será guardado el
archivo.

Ⓑ Este es el nombre del archivo que contiene este
programa de FTP.

Ⓒ Ahora coloque el indicador a "Save" y haga clic
una vez.

Ⓓ Si el archivo copia sin ningún problema a su disco
duro, recibirá este mensaje informándole que el
archivo ya está en su disco duro.

Cómo copiar programas gratuitos, o "freeware", al disco duro

Las páginas que siguen ilustran cómo funciona el proceso de conseguir un programa gratuitos de un servidor Web.

En este caso, el nombre de la compañía que ofrece este programa es la revista *PC Magazine*.

DecoMenu es un programa que le ayuda a cambiar la apariencia del menú "Start" de Windows 98.

Primero abra su navegador en la dirección virtual, o URL, *http://www.zdnet.com/pcmag*.

Cuando vea la ventana de entrada al servidor Web de ZDNet, coloque el indicador sobre "Downloads" (copiar a su disco duro) y haga clic una vez.

En la siguiente gráfica puede ver los pasos necesarios para copiar un programa gratuito a su disco duro.

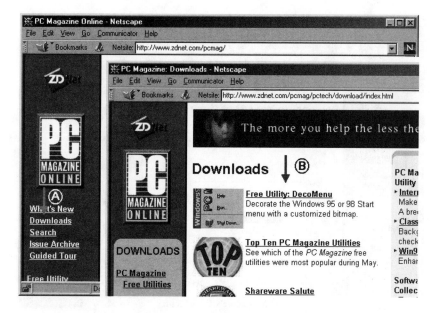

Mirando la gráfica anterior siga los siguientes pasos para copiar un programa gratuito a su disco duro:

Ⓐ Primero coloque el indicador encima de "Free Utility: DecoMenu".

Ⓑ Haga clic una vez.

Mire el siguiente recuadro para continuar el proceso de copiar este programa a su disco duro.

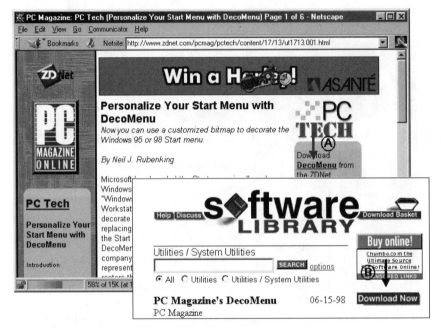

Mirando la gráfica anterior siga los siguientes pasos para copiar un programa gratuito a su disco duro:

(A) Primero coloque el indicador encima de "Download DecoMenu" (copiar DecoMenu a su disco duro) y haga clic una vez.

(B) Ahora coloque el indicador sobre "Download Now" y haga clic una vez.

Ahora puede ver la siguiente gráfica; el navegador que usé para este ejemplo es Netscape Communicator 4.0. La gráfica le anuncia que puede existir un problema de seguridad y le pregunta qué debe hacer.

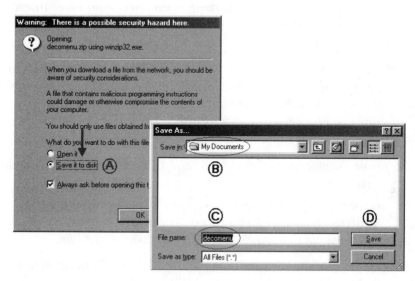

Mirando la gráfica anterior siga los siguientes pasos para guardar este archivo gratuito al disco duro de la siguiente manera:

🅐 Haga clic sobre "Save it to disk" (guarde en su disco duro) y pulse el botón izquierdo una vez.

🅑 Esta es la carpeta en la cual será guardado el archivo de este servidor Web.

🅒 Este es el nombre del archivo.

🅓 Finalmente haga clic sobre "Save" (guardar) y pulse el botón izquierdo una vez.

NOTA

Si decide copiar este programa a su disco duro y desea instalarlo, coloque el indicador encima del archivo que representa el programa y haga clic dos veces sobre él; después siga las instrucciones que le dá el programa.

Cómo usar "copy and paste" (copiar y pegar) para traspasar texto de una página Web a un procesador de palabras

Una de las ventajas más grandes de usar un navegador en el Internet es la de poder encontrar información, copiarla y después "pegarla" (llevarla) a un procesador de palabras para poder utilizarla más tarde.

En el ejemplo siguiente verá el servidor Web de la Organización de Estados Americanos y aprenderá la forma correcta de conseguir información acerca de cómo solicitar becas de estudio. Verá también bién cómo puede guardar esa información en un procesador de palabras para tenerla a la mano y consultarla con más facilidad.

- Primero establezca una conexión al Internet y después abra su navegador.

- Luego escriba la siguiente dirección virtual en frente de "Address" (Internet Explorer) o "Location" (Netscape): *http://www.oas.org/EN/PROG/OTHER/BECAS/fell-spn.htm*.

La siguiente gráfica representa la página Web del Departamento de Becas de la OEA.

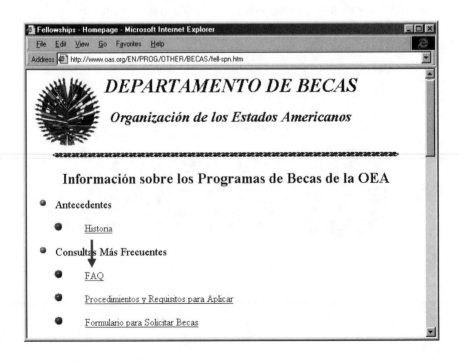

Ahora coloque el indicador encima de "FAQ" (consultas más frecuentes) y haga clic una vez.

Ahora puede ver en la pantalla de abajo "FAQ". En la siguiente gráfica aprenderá cómo seleccionar texto de esta página.

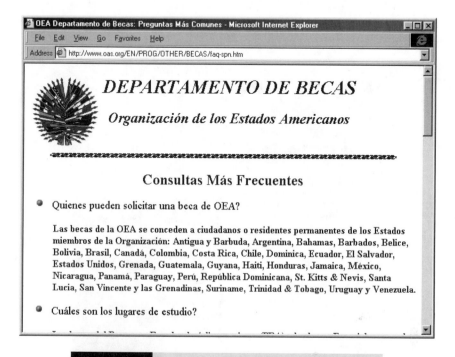

DEPARTAMENTO DE BECAS

Organización de los Estados Americanos

Consultas Más Frecuentes

- Quienes pueden solicitar una beca de OEA?

  Las becas de la OEA se conceden a ciudadanos o residentes permanentes de los Estados miembros de la Organización: Antigua y Barbuda, Argentina, Bahamas, Barbados, Belice, Bolivia, Brasil, Canadá, Colombia, Costa Rica, Chile, Dominica, Ecuador, El Salvador, Estados Unidos, Grenada, Guatemala, Guyana, Haiti, Honduras, Jamaica, México, Nicaragua, Panamá, Paraguay, Perú, República Dominicana, St. Kitts & Nevis, Santa Lucia, San Vincente y las Grenadinas, Suriname, Trinidad & Tobago, Uruguay y Venezuela.

- Cuáles son los lugares de estudio?

NOTA

Copiar y pegar ("copy & paste") es una función de Windows que casi no cambia en ninguno de los programas diseñados para ser usados en este sistema operativo. Si tiene Microsoft Word o WordPerfect para Windows, los pasos para copiar esta información son los mismos.

Cómo seleccionar texto en una página Web

El primer paso para usar la función de copiar y pegar es seleccionar el texto que desea copiar.

En la siguiente gráfica puede ver los pasos para seleccionar el texto que desea copiar.

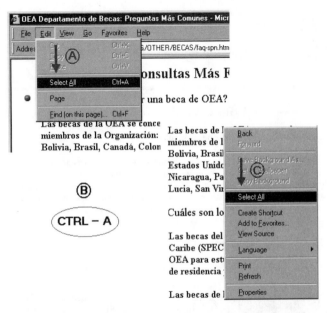

Mire la gráfica anterior para comenzar el proceso de seleccionar la información que desea transferir a un procesador de palabras:

A Coloque el indicador a "Edit" y después haga clic sobre "Select All" (seleccionar todo el texto). Para seleccionar todo el texto en esta página.

B También puede usar la combinación de teclas CTRL+A para seleccionar toda esta página.

C Si desea usar el indicador, colóquelo encima del área de trabajo y pulse el botón derecho del ratón una vez hasta que vea este menú; luego haga clic sobre "Select All".

En la siguiente gráfica puede ver cómo todo el texto seleccionado aparece resaltado en azul. Esto significa que ahora lo puede copiar al pizarrón electrónico, o "Clipboard" (este es un programa de Windows que guarda información temporalmente cada vez que usted elige la función de copiar; así esta información estará disponible cuando elija pegar).

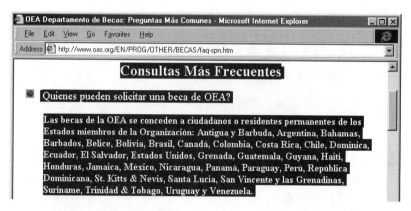

En la siguiente gráfica puede ver cómo hacer si solo desea seleccionar una parte del texto en esta página. Primero coloque el indicador al principio del texto que desea seleccionar y pulse el botón izquierdo, arrastrándolo primero hacia la derecha y luego hacia abajo. De esta forma, todo el texto que seleccione quedará sombreado.

Consultas Más Frecuentes

Quienes pueden solicitar una beca de OEA?

Las becas de la OEA se conceden a ciudadanos o residentes perman Estados miembros de la Organización: Antigua y Barbuda, Argentina Barbados, Belice, Bolivia, Brasil, Canadá, Colombia, Costa Rica, Ch Ecuador, El Salvador, Estados Unidos, Grenada, Guatemala, Guyana Jamaica, México, Nicaragua, Panamá, Paraguay, Perú, República D & Nevis, Santa Lucia, San Vincente y las Grenadinas, Suriname, Tri Uruguay y Venezuela.

Cuáles son los lugares de estudio?

Las becas del Programa Regular de Adiestramiento (PRA) y las bec: el Caribe (SPECAF) se conceden exclusivamente a ciudadanos de lo:

Cómo copiar texto de páginas Web al pizarrón electrónico o "Clipboard"

Cuando vea la siguiente pantalla siga los siguientes pasos para copiar al pizarrón electrónico, o "Clipboard", todo el texto que seleccionó.

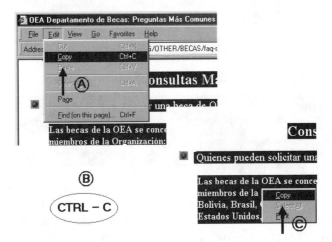

Mire la gráfica anterior para copiar el texto que seleccionó:

Ⓐ Coloque el indicador a "Edit" y después haga clic; ensequida, haga clic sobre "Copy" para copiar el texto seleccionado (éste aparece en azul).

Ⓑ También puede usar la combinación de teclas CTRL+C para copiar el texto seleccionado.

Ⓒ Si desea usar el indicador, arrástrelo encima del área de trabajo y pulse el botón derecho una vez, hasta que vea este menú; luego, haga clic sobre "Copy".

Cómo pegar texto del pizarrón electrónico a un procesador de palabras

Ahora puede ver cómo este texto es pegado, o añadido al programa WordPad (un procesador estándar que viene con Windows 95, 98 y NT).

Para abrir este programa coloque el indicador hacia "Start" después a "Programs" y luego hacia arriba hasta "Accessories". A continuación señale "WordPad" en la parte inferior, haciendo clic una vez.

Para seguir este ejemplo puede usar cualquier procesador de palabras que esté instalado en su computadora.

La siguiente gráfica representa el procesador de palabras WordPad.

Mire la gráfica anterior y siga los siguientes pasos para pegar el texto que copió en la página anterior:

(A) Haga clic sobre "Edit" y después sobre "Paste" para pegar el texto a este procesador de palabras.

(B) También puede pegar este texto usando la combinación de teclas CTRL+V

(C) Ahora puede ver claramente todo el texto que pegó al procesador de palabras en el área de trabajo de éste.

Cómo guardar el texto que encontró en una página Web

Finalmente, si desea guardar la información, haga clic sobre "File" (archivo) y despues sobre "Save" (guardar). También puede hacer esta operación usando la combinación de teclas CTRL+S.

Cuando el siguiente recuadro se abra, escriba el nombre que desea usar para este archivo y después pulse la tecla ENTER para guardarlo.

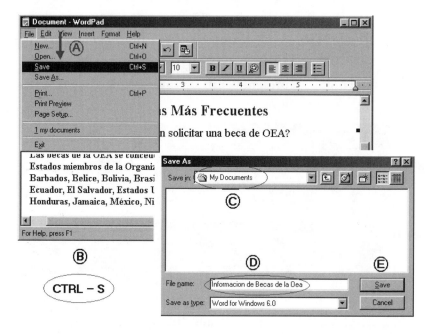

Mire la gráfica anterior y siga los siguientes pasos para guardar este archivo en el disco duro:

Ⓐ Haga clic sobre "File" y después haga clic sobre "Save" para guardar este archivo al disco duro.

Ⓑ También puede usar la combinación de teclas CTRL+S.

Ⓒ Ésta es la carpeta en la cual será guardado el archivo.

Ⓓ Este es el nombre del archivo.

Ⓔ Finalmente, coloque el indicador sobre "Save" y haga clic una vez.

Cómo abrir archivos que guardó en su disco duro

Si desea usar este archivo en otra oportunidad, abra WordPad, haga clic sobre "File" y despues sobre "Open" (abrir); o use la combinación de teclas CTRL+O.

Una vez que la segunda gráfica se abra, elija el archivo que desea, colocando el indicador sobre el nombre del archivo y haciendo clic dos veces.

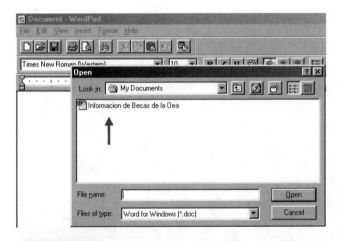

NOTA

Este proceso es sumamente útil cuando usted está usando motores de búsqueda, como Lycos, AltaVista o Yahoo en español y encuentra información que desea guardar para aprovecharla más tarde.

Cómo imprimir una página Web desde un navegador

Imprimir desde un navegador es una tarea bastante fácil. Primero espere a que la página que desea imprimir haya terminado de cargarse, o sea, que haya terminado de aparecer, en su totalidad, en el área de trabajo, con las gráficas que contenga.

En este ejemplo puede ver el resultado de una búsqueda de trabajo en el Centro de Búsqueda de Empleos, o CyberCareerCenter del servidor Web de Hispanic Online.

La dirección virtual del Centro de Búsqueda de Empleos es: *http://findjob.hisp.com*.

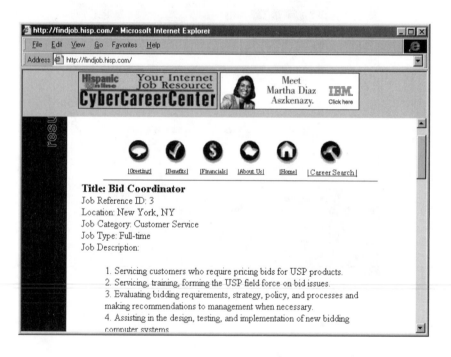

La siguiente gráfica ilustra el proceso de imprimir una página Web.

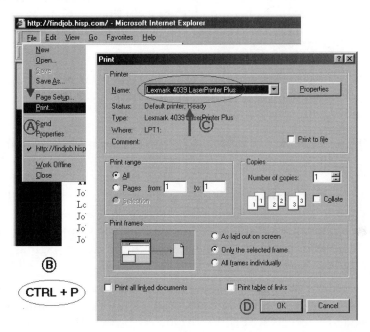

Ahora siga estos pasos para imprimir el resultado de esta búsqueda de trabajo:

A Primero haga clic sobre "File" y después arrastre el indicador hacia abajo; ahora haga clic sobre "Print" (imprimir).

B Para imprimir desde este navegador también puede usar la combinación de teclas CTRL+P.

C Este es el nombre de la impresora que recibirá la orden de imprimir la página.

D Finalmente haga clic sobre "OK".

Cómo copiar gráficas al disco duro

Una de las ventajas de navegadores como Internet Explorer y Netscape Navigator es la de poder ver todo tipo de gráficas directamente en la pantalla de trabajo, sin la necesidad de tener un programa externo.

El proceso de copiar gráficas de un navegador al disco duro funciona de una manera diferente al proceso de copiar texto de un navegador a un procesador de palabras.

Las siguientes son las dos maneras más comunes de copiar una gráfica al disco duro:

- Coloque el indicador sobre la gráfica y si la punta de la flecha cambia a una mano haga clic dos veces, para que esta gráfica (a menos que sea un enlace a otro servidor Web) llene el área de trabajo. Después siga las instrucciones de las páginas siguientes para guardarla al disco duro.

- Si la gráfica no muestra una mano cuando coloque el indicador sobre ella, use la función de captura de pantallas con la tecla PRINT SCREEN, localizada en la parte de arriba a la derecha del teclado, después abra el programa Paint, use la combinación de teclas CTRL+V y, finalmente, guárdela en el disco duro.

Primero encuentre la gráfica que desea bajar. Para buscar gráficas en el Internet puede usar Lycos, AltaVista o Yahoo.

Para ilustrar mejor este ejemplo visite el servidor Web de la NASA y solicite una foto del transbordador espacial.

El URL, o dirección virtual, en la cual puede encontrar esta foto es:

http://www.imoc.com/sts-95/images/preflight.

La siguiente gráfica muestra una foto del transbordador espacial, o "Space Shuttle".

Para iniciar el proceso de guardar esta gráfica, coloque el indicador sobre "Low Resolution" y haga clic una vez.

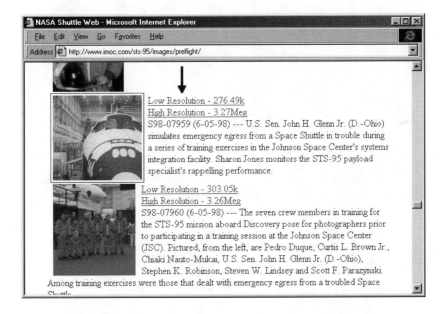

Ahora puede ver la foto tomando todo el área de trabajo de su navegador, en este caso la foto de un transbordador espacial.

NOTA

Este procedimiento es muy útil para personas que estén haciendo trabajos académicos y necesiten agregar fotos a sus ensayos y tareas escolares. Una vez que la foto que desea esté en el disco duro, la puede pegar al trabajo o proyecto que esté escribiendo en su procesador de palabras, como por ejemplo Word for Windows.

Pasos para copiar una gráfica al disco duro

Ahora puede guardar la siguiente gráfica a su disco duro de la manera que verá en la parte inferior de esta página; esta gráfica permanecerá en su disco duro para ser usada en otra ocasión.

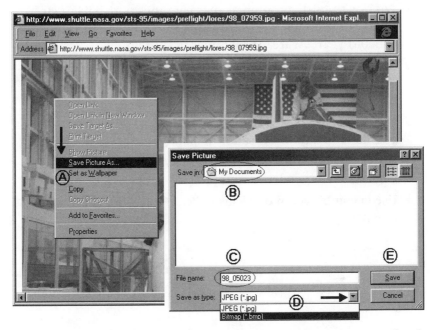

En el recuadro superior siga los siguientes pasos para guardar la foto del transbordador espacial al disco duro:

Ⓐ Primero coloque el indicador sobre la gráfica; luego pulse el botón derecho y después arrastre el indicador un poco en esta lista de opciones; por último haga clic una vez sobre "Save Picture As".

Ⓑ Ésta es la carpeta en la cual será guardado el archivo.

Ⓒ Este es el nombre de la foto que copiará al disco duro.

Ⓓ Es recomendable que haga clic sobre esta flecha hacia abajo y elija guardar el archivo como uno de tipo "Bitmap" (BMP). De esta manera será mas fácil de usar con procesadores de palabras.

Ⓔ Ahora haga clic sobre "Save".

Para recordar

- Una de las ventajas más importantes de usar el Internet es la posibilidad de sacar la información que encontró y usarla de una manera sencilla cuando la necesite.

- El Internet es una red de computadoras y por esa razón también sigue el mismo modelo de Cliente-Servidor.

- Los dos tipos de programas más comunes para bajar a su disco duro son los de "shareware" (programas de evaluación o prueba) y "freeware" (programas gratuitos).

- Muchas veces, cuando elije copiar un programa de un servidor Web, la compañía que le permite copiarlo le exigirá que usted se registre con ellos.

- Use "copy and paste" (copiar y pegar) para pasar texto de una página Web a un procesador de palabras.

- Use la combinación de teclas CTRL+A para seleccionar las páginas Web que desea copiar.

- Use la combinación de teclas CTRL+P para imprimir desde este navegador.

El correo electrónico

El correo electrónico (e-mail)

El correo electrónico convierte a su computadora en un mensajero de servicio postal virtual. Es decir, que su buzón de correo no está en la puerta de su casa, sino en algún lugar del espacio; y que su computadora puede recibir y enviar mensajes electrónicos a pesar de la lluvia, la nieve y la distancia, donde quiera que tenga disponible una fuente de energía y una línea de teléfono; y que lo único que puede interrumpir la transmisión de sus mensajes es una suspensión del servicio de Internet o una falla en el suministro de energía eléctrica.

Así, su computadora funciona como un servidor postal que siempre está listo a entregarle sus mensajes con la eficacia del mejor cartero.

Es improbable que el correo electrónico reemplace totalmente al servicio postal, pero es un hecho que este extraordinario medio de comunicación ha incrementado la cantidad de mensajes que los seres humanos se envían entre sí.

La siguiente gráfica ilustra cómo una computadora personal se puede convertir en un buzón virtual desde el cual se pueden enviar y recibir todo tipo de mensajes y documentos 365 días al año y 24 horas al día.

El correo electrónico
(E-Mail)

El correo electrónico y el Internet

El Internet ha revolucionado totalmente la forma en que muchas personas trabajan hoy en día. Por esta razón, este extraordinario medio de comunicación tiene la posibilidad de causar, para bien o para mal, un gran impacto en nuestra civilización.

Y, por supuesto, el correo electrónico es uno de los beneficios más visibles que una persona puede recibir del Internet, pues éste rompe por completo las barreras del tiempo y del espacio que existían con el correo regular o con los faxes (facsímiles).

Hoy en día, tener un buzón de correo electrónico, aunque no reemplaza, por supuesto, el correo postal, se ha convertido casi en una necesidad, especialmente en el mundo de los negocios y en el campo académico.

Pero aún si usted no es un científico ni el presidente de una corporación financiera, sino simplemente un abuelo tratando de comunicarse con sus nietos en el otro extremo del planeta, o un joven enamorado que envía poemas y cartas de amor, el correo electrónico se ha convertido en el medio de comunicación más rápido y económico que se conoce hasta hoy.

La tecnología de acceso al correo electrónico se ha popularizado tanto que inclusive existen algunos servicios, como Hotmail, que le permiten abrir un buzón de correo electrónico desde su biblioteca local; en este caso, no es necesario tener una computadora propia, sólo necesita visitar la biblioteca cuando tenga que enviar o recibir correo.

Para usar el correo electrónico sólo es necesario tener una dirección de correo y tener acceso a una computadora con un módem o una conexión al Internet a través de una red local.

NOTA

A diferencia de un buzón común y corriente, en el cual se levanta la bandera roja para anunciar el correo, es necesario prender la computadora insertar a su servicio en línea para recibir notificación de que recibió correo electrónico.

Cómo funciona el correo electrónico

Así como ya el Internet ha revolucionado la forma en que muchas personas trabajan hoy en día, el correo electrónico, a su vez, tiene la posibilidad de impactar de manera dramática a un sector muy amplio de la población.

La siguiente gráfica describe la manera cómo funciona el proceso de enviar un mensaje a un usuario de AOL.

El proceso de enviar correo electrónico (E-Mail)

1- Primero un usuario crea un mensaje.

2- Cuando termina de redactarlo elige "Send", para enviar el mensaje.

3- La próxima vez que "fulano", el recipiente del mensaje, entre a America Online recibirá notificacion de que recibió correo electrónico.

En el ejemplo anterior:

1. Un usuario con una cuenta de correo electrónico (en cualquier parte del mundo) genera un mensaje para "fulano," para enviarlo a la dirección de correo: fulano@aol.com.

2. Finalmente este usuario elige enviar ("Send") y el mensaje es enviado al servidor de America Online.

3. La próxima vez que "fulano" entre en America Online, recibirá notificación de que le espera un mensaje.

El concepto de un nombre único para un buzón de correo electrónico por cada territorio virtual

Un buzón de correo electrónico debe tener un nombre único por territorio virtual. Es decir, que el territorio virtual AOL.com sólo puede tener un Jaime, una Susana y un Víctor. Si otros Jaimes, Susanas o Víctores desean obtener un buzón de correo electrónico, estos recibirán un buzón con su nombre, seguido de un número, como por ejemplo Jaime01 y así sucesivamente.

Ésta es la razón por la cual muchas veces, cuando usted va a hacerse miembro de un servicio en línea y solicita crear un buzón de correo, no pueden adjudicarle el nombre que usted elige, porque simplemente ese nombre ya ha sido adjudicado a otra persona. En ese caso, debe cambiar se el nombre a uno que esté disponible, aunque a menudo la diferencia puede consistir solamente en una letra o número; lo importante en este caso es que la dirección pueda diferenciarse claramente de todas las demás direcciones virtuales.

En la siguiente gráfica puede ver el buzón de correo electrónico Gonzalo04; éste se encuentra en el servidor de correo de América Online en el territorio virtual AOL.com. Entonces, sólo puede haber un Gonzalo04 inscrito con ese servidor; aunque pueda existir, por supuesto, un Gonzalo03.

El buzón de correo electrónico

Gonzalo04@Aol.com

Nombre del buzón   Territorio virtual

Ventajas del correo electrónico

El correo electrónico es una de los avances más notables del mundo de las computadoras; éste nos permite enviar y recibir mensajes casi de manera instantánea a nuestros parientes o conocidos a través del mundo, sin necesidad de salir de nuestras casas y usar una oficina postal.

Una de las ventajas más importantes del correo electrónico es la de poder recibir mensajes enviados entre sistemas que, si estuvieran uno junto al otro, serían prácticamente incompatibles.

Por ejemplo, a primera vista, si se tiene una computadora usando el sistema operativo UNIX y otra con el sistema operativo DOS, puede ser muy complicado intercambiar mensajes entre las dos computadoras.

El milagro del correo electrónico, sin embargo, consiste en que una computadora localizada en Rusia que utiliza el sistema operativo UNIX puede enviarle correo electrónico a una computadora que está usando el sistema operativo DOS en New York, sin ningún tipo de problema.

El correo electrónico también es usado muy a menudo para enviar archivos de un sitio a otro, aunque ésta, por supuesto, es una aplicación distinta a lo que se denomina correo electrónico; por esta razón, este procedimiento no funciona bien en todas las ocasiones.

Este proceso se denomina adjuntar archivos y como regla general opera muy bien si se intercambian archivos entre equipos con el mismo sistema operativo y usando el mismo servicio en línea. De lo contrario, puede correr el riesgo de no poder recibir el archivo que le están enviando.

NOTA

Si lo único que le interesa es tener correo electrónico y no necesita acceso al Internet, es posible conseguir cuentas, gratis, de servicios como Juno. Éstas le permiten enviar y recibir correo electrónico gratis; lo único que le piden es que vea la publicidad que ellos insertan, para pagar el servicio.

Cómo enviar y recibir mensajes de correo electrónico

En las siguientes páginas podrá ver el proceso para enviar y recibir mensajes de correo electrónico con los tres servicios en línea que tienen más usuarios hoy en día. Este proceso cambia muy poco para estos tres servicios y el concepto siempre es el mismo:

- Primero, conéctese a su servicio en línea y abra el programa de correo electrónico.

- Si desea recibir mensajes, éntre a su servicio en línea o proveedor de servicio al Internet. Una vez que lea su correo electrónico, cierre el programa que usó para conectarse, con el fin de no mantener ocupada la línea.

- Si quiere, puede medactar mensajes fuera de línea y más ade-lante, cuando los termine de redactar, establecer una conexión con su servicio en línea o su ISP para enviarlos.

También verá cómo enviar y recibir mensajes usando los progra-mas de correo de Internet Explorer 5.0 (este proceso es exacta-mente el mismo que se usa para enviar y recibir mensajes de correo electrónico con el servicio MSN si usa la versión 2.5 de su programa) y de Netscape Communicator 4.0.

En este capítulo aprenderá a crear mensajes fuera de línea con Outlook Express, uno de los programas de correo que más auge está tomando hoy en día. Esta función de escribir mensajes fuera de línea es muy importante para ejecutivos y personas que usan computadoras portátiles y redactar sus mensajes en momentos en que no disponen de una línea de teléfono.

También es importante mencionar que quienes carecen de una computadora personal pueden abrir una cuenta de correo elec-trónico, por medio de un servidor Web llamado Hotmail. Es decir, que hoy en día es posible utilizar cualquier computadora que tenga acceso al Internet, aunque ésta no sea de su propiedad (por supuesto que con el consentimiento de su dueño), como es el caso de las computadoras de su biblioteca y mantener una cuenta de correo electrónico con este servicio. La dirección virtual de este servidor Web es: *http://www.hotmail.com*.

El proceso de añadir archivos al correo electrónico

Tal como vimos anteriormente, el Internet es capaz de manejar el intercambio de texto, es decir, palabras, con mucha eficacia y a través de sistemas totalmente distintos sin ningún problema.

Pero, como ya dije, el proceso de anexar archivos a un mensaje electrónico es un campo inhóspito y en general este procedimiento sólo funciona bien en determinadas circunstancias.

Dos computadoras pueden intercambiar archivos enviados a través del Internet con mucha probabilidad de éxito siempre y cuando reúnan todas estas condiciones:

- Si usan el mismo sistema operativo. Por ejemplo, una computadora que tiene Windows 95 envía correo electrónico con un archivo adjunto a otra que también tiene Windows 95.

- Si ambas computadoras usan el mismo procesador de palabras o el mismo programa gráfico con el que se creó el archivo que ahora una de las computadoras pretende enviar a la primera.

- Si ambas computadoras usan el mismo servicio en línea (como AOL) y el mismo programa para enviar correo electrónico.

De otra manera, se necesitará un programa llamado decodificador de MIME, un tipo de programa especial que recibe el mensaje electrónico y lo restaura al formato inicial en el que fue enviado.

Cómo enviar mensajes con AOL

America Online es el servicio en línea que más usuarios tiene en todo el mundo; su proceso de enviar y recibir mensajes usándolo es muy fácil.

Primero establezca una conexión a AOL. Una vez que haya entrado en AOL, use la combinación de teclas CTRL+M para ver el siguiente recuadro.

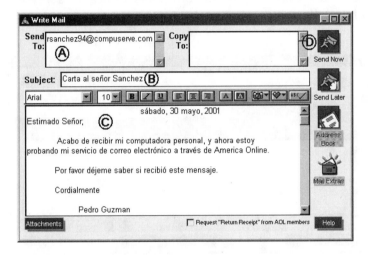

Siga estos pasos en la gráfica anterior para enviar un mensaje con AOL:

Ⓐ En esta casilla escriba la dirección electrónica de la persona que recibirá el mensaje electrónico; si desea enviar este mensaje a más de una persona, escriba una coma y después la dirección de la segunda persona que recibirá el mensaje.

Ⓑ En esta casilla escriba el tema del mensaje.

Ⓒ En el recuadro principal, escriba el mensaje.

Ⓓ Finalmente, coloque el indicador encima de "Send Now" y haga clic una vez para enviar el mensaje.

NOTA	Si desea enviar una copia de este mensaje a otra persona, escriba la dirección electrónica dentro del recuadro de "Copy To".

Cómo recibir mensajes con AOL

El proceso de recibir mensajes funciona de la siguiente manera:

- Primero abra una conexión a AOL.
- Una vez que la comunicación esté establecida, use la combinación de teclas CTRL+R para ver si tiene mensajes.

En la siguiente gráfica puede ver claramente que hay un mensaje esperando a ser abierto; ahora coloque el indicador sobre el mensaje y haga clic dos veces para abrirlo.

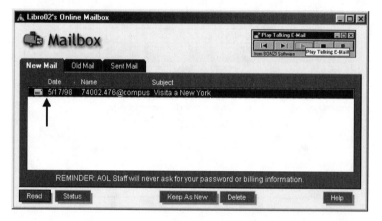

En la gráfica anterior la flecha señala los mensajes nuevos. Mire siempre la procedencia y luego el tema del mensaje y no lo abra nunca si viene de personas o entidades desconocidas; si esto sucede, seleccione el mensaje haciendo clic una vez y elija "Delete" para borrarlo; en esa forma evitará infecciones de virus y otros daños a su equipo.

En la siguiente gráfica puede ver el mensaje que recibió. Si desea responderlo, coloque el indicador sobre "Reply" (responder) y haga clic una vez. Cuando elige responder a un mensaje, la dirección electrónica de la persona que lo envió es añadida automáticamente a la lista de las personas que recibirán la respuesta; de esta manera solo necesita escribir el mensaje y escoger "Send Now" para enviarlo.

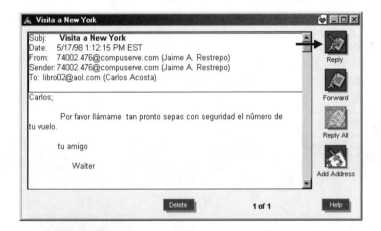

NOTA

Recuerde que cuando usted está utilizando el correo electrónico, está usando no sólo su servicio de Internet, sino también su línea telefónica; así que nadie podrá usar su teléfono cuando usted está enviando o recibiendo mensajes. Por eso es importante redactar su mensaje antes de escoger "Send Now". Recuerde, además, que si no tiene un servicio en línea de tiempo ilimitado le cobrarán por el tiempo extra que utilice el servicio.

La libreta de direcciones de correo electónico en AOL

La libreta de direcciones de America Online le permite guardar direcciones de correo electrónico, manualmente o copiando la dirección de los mensajes que recibe. Éstas más tarde se pueden añadir a un mensaje, si por ejemplo siempre envía mensajes de correo electrónico a una persona puede usar esta libreta de direcciones para llenar la dirección de correo electrónico de esta con un solo clic del ratón.

La siguiente gráfica ilustra la manera de abrir la libreta de correo electrónico en America Online.

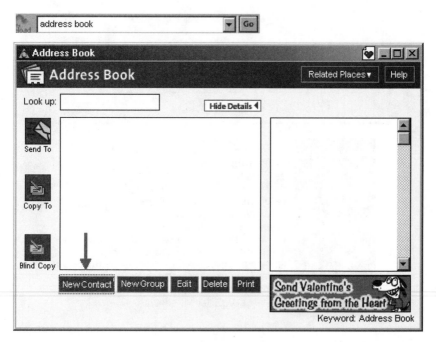

Siga estos pasa añadir una dirección de correo electrónico a la libreta de AOL:

1. En la barra de direcciones virtuales escriba "Address Book" y después haga clic sobre "Go".

2. Cuando la libreta de direcciones abra, haga clic sobre "New Contact".

En la siguiente gráfica puede ver el recuadro que le permitirá añadir una dirección de correo electrónico.

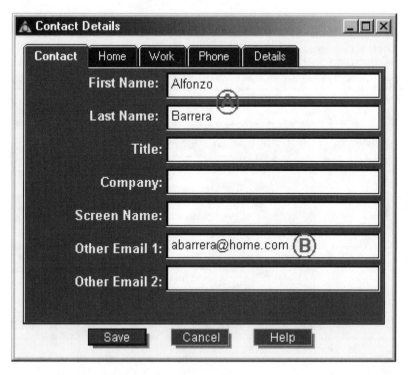

Llene la información para guardar esta dirección de correo electrónico de esta manera:

Ⓐ En esta casilla escriba el nombre y el apellido de la persona que desea añadir a esta libreta de direcciones de correo electrónico.

Ⓑ Enfrente de "Other Email 1:", escriba la dirección de correo electrónico que corresponde a esta persona.

Para guardar esta dirección de correo electrónico haga clic sobre "Save" y después cierre la libreta de direcciones.

También se le pueden añadir direcciones a esta libreta de correo electrónico, directamente de los mensajes que recibe. Esta función es supremamente útil, sobre todo con algunas direcciones de correo electrónico que tienen símbolos raros.

En la siguiente gráfica puede ver un mensaje, que llego a mi buzón de correo electrónico enviado por la compañía Dell.

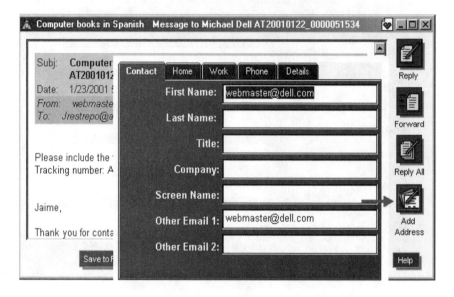

Si recibe un mensaje de correo electrónico y desea guardar la dirección de correo electrónico, lo puede hacer de esta manera:

1. Cuando el mensaje este en su pantalla, haga clic sobre "Add Address".
2. Para terminar haga clic sobre "Save".

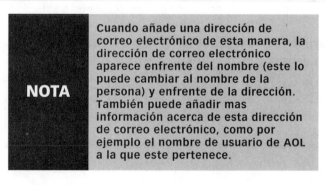

NOTA Cuando añade una dirección de correo electrónico de esta manera, la dirección de correo electrónico aparece enfrente del nombre (este lo puede cambiar al nombre de la persona) y enfrente de la dirección. También puede añadir mas información acerca de esta dirección de correo electrónico, como por ejemplo el nombre de usuario de AOL a la que este pertenece.

Cómo usar la libreta de direcciones de correo electrónico en AOL

Una vez que tenga direcciones de correo electrónico en esta libreta, la podrá usar para añadir la dirección a la cual desea enviar mensajes con solo usar el ratón.

En la siguiente gráfica puede ver la manera de usar la libreta de correo electrónico.

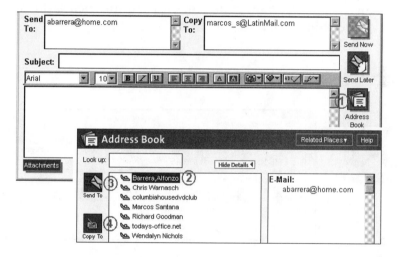

La siguiente es la manera de usar la libreta de correo electrónico:

1. Cuando empiece a redactar un mensaje, haga clic sobre "Address Book".

2. Cuando la libreta de correo electrónico abra, seleccione la dirección de correo electrónico a la cual desea enviar este mensaje y haciendo clic sobre ella.

3. Para copiar esta dirección de correo electrónico a su mensaje, haga clic sobre "Send To".

4. Si desea enviar una copia de un mensaje a otra persona, seleccioné la dirección de correo electrónico y haga clic sobre "Copy To".

El archivador de correo electrónico de AOL

Este consiste en una serie de gavetas virtuales en las cuales usted puede guardar el correo electrónico que llega a su buzón de America Online, este además también puede guardar copias del correo electrónico que envía. Esta función es sumamente útil ya que después de haber recibido un mensaje, si eligió la opción de guardar el correo electrónico, lo podrá encontrar muy fácilmente.

La siguiente gráfica ilustra como la primera gaveta del el archivador de correo electrónico de America Online guarda los mensajes que recibió en su buzón de America Online.

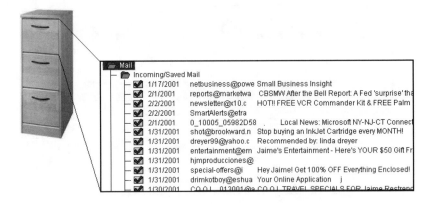

El archivador de correo electrónico de America Online tiene tres gavetas virtuales:

- La primera guarda el correo electrónico que recibió y abrió, o el que usted eligió guardar manualmente.
- La segunda correo guarda el correo electrónico que está esperando ser enviado.
- La tercera guarda el correo electrónico que usted envió desde su cuenta de AOL.

Cómo usar el archivador de correo electrónico de AOL

Para usar el archivador de correo electrónico de AOL es necesario cambiar las opciones de este en las preferencias, para cada uno de los usuarios que deseen usar esta función de America Online. Para cambiar estas opciones es necesario que la pantalla principal de America Online, muestre el nombre del usuario que desea usar un archivador de correo electrónico.

En la siguiente gráfica puede ver el proceso de entrar al recuadro de cambiar las preferencias de America Online.

Siga estos pasos para indicarle a AOL que guarde su correo electrónico:

1. Coloque el indicador a "Settings" y haga clic sobre él.
2. Ahora arrástrelo hacia abajo y haga clic sobre "Preferences".

NOTA

Recuerde que cuando elige el recuadro de las preferencias éstas son sólo las del usuario cuyo nombre aparece en la primera pantalla de AOL, si desea cambiar las preferencias de otro de los usuarios o "Screen Name" en su cuenta es necesario que seleccione este usuario en la pantalla de entrada a America Online.

Ahora el recuadro de las preferencias de AOL se abrirá, en este se puede cambiar una gran cantidad de opciones para que este funcione mejor de acuerdo a su gusto personal.

La siguiente gráfica representa el recuadro de cambiar las preferencias en America Online.

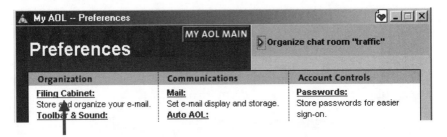

Para cambiar las preferencias del archivador de correo electrónico haga clic sobre "Filing Cabinet".

La siguiente gráfica representa el recuadro de cambiar las preferencias en America Online, cuando no está conectado a America Online.

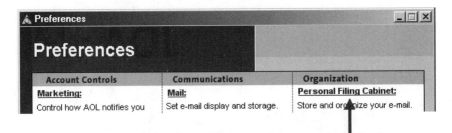

En la gráfica anterior puede ver cómo, si no está conectado a America Online y trata de entrar a las opciones este archivador aparecerá con en nombre "Personal Filing Cabinet".

Ahora puede ver en la siguiente gráfica el recuadro de las preferencias del archivador de America Online.

Filing Cabinet Preferences

Filing Cabinet Preferences

This setting allows you to determine how frequently your Filing Cabinet will be automatically backed up.

☑ **Automatically backup my Filing Cabinet every** 4 ▲▼ **weeks.**

This setting controls when you will be warned about your Filing Cabinet's size. If you find that you are seeing this warning too often, you may want to increase the size limit.

Issue warning about the Filing Cabinet if the file size reaches 10 ▲▼ **megabytes.**

These settings control warnings about deleting items in your Filing Cabinet and Favorite Places.

☑ **Confirm before deleting single items**

☑ **Confirm before deleting multiple items**

Ⓐ These settings allow you to automatically save your mail to your Filing Cabinet.

☑ **Retain all mail I read in my Personal Filing Cabinet**

☑ **Retain all mail I send in my Personal Filing Cabinet**

Ⓑ

[Save]   [Reset]   [Cancel]

La siguiente es la manera de pedirle al programa que guarde su correo electrónico:

Ⓐ Haga clic en esta opción para guardar todo el correo electrónico que usted recibe y después abre.

Ⓑ Haga clic en esta opción para guardar todo el correo electrónico que usted envió. Finalmente haga clic sobre "Save", de ahora en adelante todos los mensajes de correo electrónico que lee y que envié serán resguardados en el archivador de AOL.

Cómo abrir el archivador de correo electrónico de AOL

Ahora le será posible buscar mensajes de correo electrónico que haya leído o enviados previamente, desde el nombre de usuario en la computadora en que trabaja. Esta función no está disponible en una computadora en la cual entre como visitante o "Guest", esto se debe a motivos de seguridad.

En la siguiente gráfica puede ver los pasos para abrir el archivador de America Online.

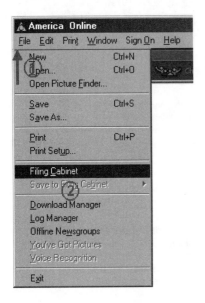

El archivador de America Online se abre de la siguiente manera:

1. Desde la pantalla principal de America Online y mientras puede ver el nombre de usuario dueño de este correo electrónico, haga clic sobre "File".

2. Ahora arrastre el indicador hacia abajo y haga clic sobre "Filing Cabinet".

Ahora el archivador de correo electrónico abrirá, este le ofrece el beneficio de poder guardar la correspondencia que leyó y envió de manera automática.

Como puede ver en la siguiente gráfica este archivador tiene tres carpetas principales.

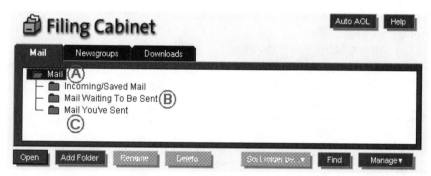

Éstas son las tres carpetas del archivador de correo electrónico:

A Correo que abrió y el que usted quiere guardar manualmente.

B Correo que está esperando ser enviado.

C Correo que usted envió desde su cuenta de AOL.

La siguiente gráfica muestra la información que vera acerca de un correo electrónico.

Un mensaje electrónico se puede buscar de tres maneras importantes:

A Buscando todos los mensajes que recibió en una fecha especifica.

B Usando como referencia el correo electrónico del usuario que lo envió.

C Refiriéndose al sujeto o "Subject" del que se trata el mensaje que busca.

Por ejemplo, si desea buscar un mensaje que recibió hace una semana, puede hacerlo de manera muy fácil.

En la siguiente gráfica puede ver las tres gavetas virtuales del archivador de America Online.

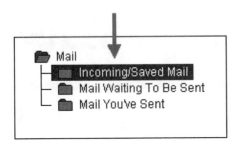

Siga los siguientes pasos para buscar un mensaje que recibió hace una semana.

1. Abra el archivador del correo electrónico.

2. Seleccione la carpeta en donde está el mensaje que busca y si ésta no le muestra todos los mensajes haga clic sobre ella.

Ahora puede buscar el mensaje que necesita, si este no aparece en la primera pantalla, coloque el indicador sobre esta guía (señadala con la fecha) mientras sostiene el botón izquierdo del ratón y arrástrelo hacia abajo, para ver el resto de los mensajes. También puede usar la tecla PAGE DOWN y las flechas en el teclado.

Cómo hallar un mensaje en el archivador de correo electrónico con "Find"

Ahora si revisa todos los mensajes de correo electrónico, buscando un mensaje y este no aparece. Entonces puede usar la función de hallar, o "Find", usando solo una palabra que describe lo que está buscando.

La siguiente gráfica describe como usar la función de hallar un mensaje usando "Find".

Por ejemplo, para buscar un mensaje con una palabra, que usted cree puede estar contenida en un mensaje que recibió o envió, hágalo de la siguiente manera:

1. Primero abra el archivador de correo electrónico y haga clic sobre "Find".

2. Ahora escriba la palabra que usted piensa está en el correo electrónico que busca.

3. Cerciórese que estas dos opciones tienen marquitas; "All folders" y "Full text".

4. Finalmente haga clic sobre "Find Next". Si el primer mensaje que aparece en la pantalla del archivador no es él que busca, siga haciendo clic en "Find Next" hasta que lo encuentre.

En este ejemplo "Find" encontró un mensaje que tiene la palabra "PowerBall", ahora puede abrir el mensaje que busca.

En la siguiente gráfica puede ver como la ventana de "Search" permanece abierta a pesar de haber encontrado el mensaje que busca.

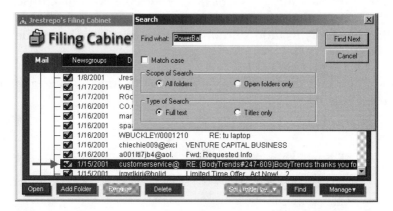

Para leer este mensaje haga clic sobre "Cancel" en el recuadro de "Search" y después haga clic sobre el mensaje que busca.

Ahora puede ver como la palabra "PowerBall" estaba contenida en este correo electrónico.

Cómo enviar mensajes con MSN

MSN es el proveedor de servicio al Internet (ISP) de la compañía Microsoft.

Los ejemplos que siguen fueron creados usando la versión 2.5 del programa de MSN. Este instala un cliente de correo llamado Outlook Express, el cual es una de las aplicaciones más populares para enviar y recibir correo electrónico.

Primero establezca una conexión con MSN.

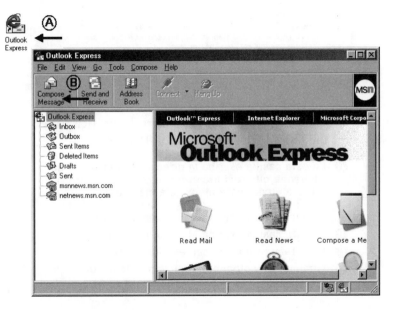

Siguiendo la gráfica anterior, envíe mensajes con Outlook Express de la siguiente manera:

Ⓐ Coloque el indicador al símbolo de Outlook Express y haga clic dos veces para abrir este programa de correo electrónico.

Ⓑ Ahora coloque el indicador a "Compose Message" (o sea, escriba un mensaje) y haga clic una vez para comenzar a escribir el mensaje.

Cuando vea la siguiente gráfica, siga las instrucciones de la parte inferior de esta página para crear un mensaje electrónico y enviarlo.

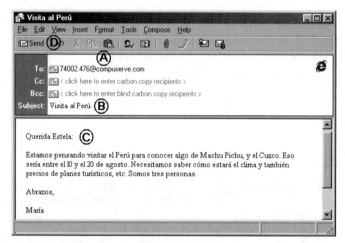

Siga los siguientes pasos mientras mira la gráfica anterior para crear correo electrónico usando Outlook Express:

A En esta casilla escriba la dirección electrónica de la persona que recibirá el mensaje electrónico; si desea enviar este mensaje a más de una persona, escriba una coma y después la dirección de la segunda persona que recibirá el mensaje.

B En esta casilla escriba el tema del mensaje.

C En el recuadro principal, escriba el mensaje.

D Finalmente, coloque el indicador encima de "Send" y haga clic una vez para enviar el mensaje.

Cómo recibir mensajes con MSN

Primero establezca una conexión a MSN.

En la siguiente gráfica puede ver el programa de correo electrónico Outlook Express. Viene incluido con Internet Explorer 5.0.

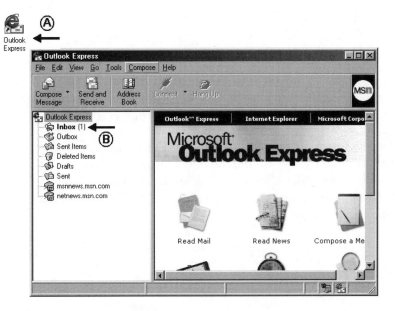

Siguiendo la gráfica anterior reciba mensajes con Outlook Express de la siguiente manera:

Ⓐ Cuando Outlook Express se abra, coloque el indicador al "Inbox" (mensajes recibidos) y haga clic una vez para leer los mensajes que recibió.

Ⓑ Después coloque el indicador sobre el símbolo de Outlook Express, o sea, el programa de correo electrónico de MSN y haga clic dos veces.

Cuando el buzón electrónico ("Inbox") se abra, podrá ver la lista de los mensajes que recibió.

En la gráfica anterior a la derecha, en el buzón electrónico ("Inbox"), puede ver una lista de mensajes. Para abrir uno de ellos, coloque el indicador sobre él y haga clic dos veces.

Mire siempre su procedencia y luego el tema del mensaje y no lo abra nunca si viene de personas o entidades desconocidas. Si esto sucede, seleccione el mensaje haciendo clic una vez sobre él y elija "Delete" para borrarlo; así evitará infecciones de virus y otros daños a su sistema.

La siguiente gráfica muestra el mensaje que recibió. Si ve más de un mensaje nuevo, lea el primero y después ciérrelo; luego siga los mismos pasos de la página anterior para leer el próximo mensaje y así sucesivamente.

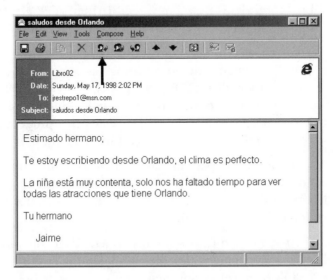

Si desea responder a este mensaje, coloque el indicador sobre el símbolo de "Reply" (indicado por la flecha) y haga clic una vez. Recuerde que cuando elige responder a un mensaje, la dirección electrónica de la persona que le envió el mensaje es añadida automáticamente a la lista de las personas que recibirán la respuesta. De esta manera solo necesita escribir el mensaje y escoger "Send" para enviarlo.

Cómo enviar y recibir mensajes con Internet Explorer y Netscape Communicator

En este libro aprenderá a enviar y recibir mensajes electrónicos usando Internet Explorer 5.0 y Netscape Communicator 4.0

Para enviar correo electrónico con uno de estos dos programas es necesario tener una cuenta de correo especial. Ésta se consigue al inscribirse como usuario de un ISP, como por ejemplo AT&T WorldNet. Si desea conseguir más información acerca de los diferentes tipos de cuentas con las cuales se pueden utilizar estos dos programas para enviar correo electrónico, vaya al último capítulo del libro.

Para los ejemplos de las páginas siguientes usaremos una cuenta de protocolo de oficina postal (POP3). Este es uno de los tipos de cuenta de correo electrónico más comunes con los cuales trabajan los proveedores de servicio al Internet.

Este tipo de cuenta es tan flexible que se puede usar con varios programas de correo electrónico diferentes y hoy en día es posible usarla hasta para recibir correo electrónico en computadoras de bolsillo.

Recuerde lo siguiente:

- Si tiene America Online, usted usa el programa de America Online para enviar y recibir mensajes. En este caso usted no necesita esta información, ya que cuenta con servicio de correo electrónico completo.

- Si usa un proveedor de servicio al Internet, es necesario que utilice un programa que le permita enviar y recibir correo electrónico, como por ejemplo Outlook Express.

- Internet Explorer 5.0 y Netscape Communicator 4.0 le permiten enviar correo electrónico. Antes de buscar un proveedor de correo electrónico, infórmese detenidamente sobre los diferentes programas y la forma de usarlos.

NOTA

En el último capítulo verá las instrucciones acerca de cómo configurar una cuenta POP3 con Outlook® Express; este programa es uno de los mejores para enviar y recibir mensajes electrónicos y pertenece a la compañía Microsoft.

Cómo usar Internet Explorer 5.0 para enviar y recibir correo electrónico

Cuando instala Internet Explorer 5.0, este instala, a su vez, el cliente de correo Outlook Express, o sea, el mismo que se incluye con el servicio en línea MSN (siempre que use la versión 2.5). Hoy en día existen varias versiones de Outlook Express, pero son muy similares entre sí, cuando se trata de enviar y recibir mensajes electrónicos con este cliente.

El proceso para enviar y recibir mensajes con Internet Explorer 5.0 es exactamente igual a la forma de enviar y recibir mensajes con el servicio en línea MSN 2.5 (instrucciones completas en la páginas 175-179), ya que ambos usan el mismo cliente de correo, o sea Outlook Express.

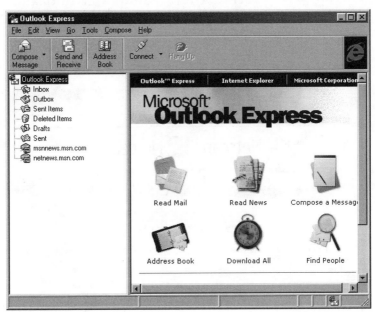

Cómo usar Netscape Communicator 4.0 para enviar y recibir correo electrónico

Cuando instala Netscape Communicator 4.0, este instala, a su vez el cliente de correo Netscape Messenger; este programa es el mejor cliente de correo que ha sido incluído con el navegador Netscape.

Cada vez que desee enviar y recibir correo electrónico con este programa debe abrir primero Netscape Communicator 4.0 y después Netscape Messenger.

 Primero establezca una conexión al Internet usando su proveedor de servicio al Internet.

Netscape Communicator

Una vez que establezca una conexión al Internet coloque el indicador sobre el símbolo de Netscape Communicator 4.0 y haga clic dos veces. Ahora coloque el indicador sobre "Mailbox" y haga clic una vez para abrir el buzón de correo electrónico.

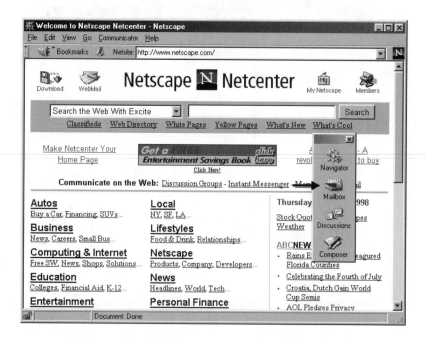

Cómo enviar mensajes de correo electrónico con Netscape Messenger

En la siguiente gráfica puede ver el cliente de correo que se usa con el navegador Netscape Communicator 4.0. Este funciona de manera similar a otros programas para enviar y recibir correo electrónico.

Para crear mensajes de correo electrónico, coloque el indicador encima de "New Msg" y haga clic una vez, o use la combinación de teclas CTRL+M.

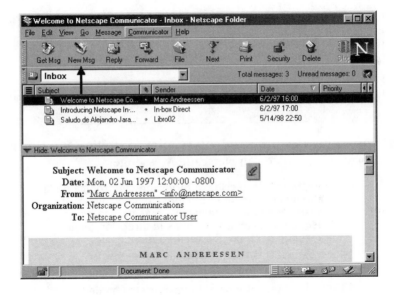

Cuando vea la siguiente gráfica, siga las siguientes instrucciones para crear un mensaje electrónico y enviarlo.

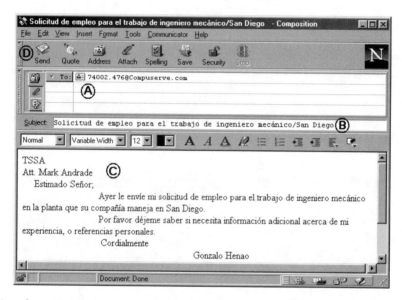

Siga los siguientes pasos mientras mira la gráfica anterior para crear correo electrónico con Netscape Messenger:

Ⓐ En esta casilla escriba la dirección electrónica de la persona que recibirá el mensaje electrónico. Si desea enviar este mensaje a más de una persona, escriba una coma y después la dirección de la segunda persona que recibirá el mensaje.

Ⓑ En esta casilla escriba el tema del mensaje.

Ⓒ En el recuadro principal, escriba el mensaje.

Ⓓ Finalmente, coloque el indicador encima de "Send" y haga clic una vez para enviar el mensaje.

Cómo recibir mensajes con Netscape Messenger

Primero siga los pasos de la página 183 para establecer una conexión al Internet y finalmente haga clic dos veces sobre el símbolo de Netscape Communicator 4.0.

Siga las instrucciones de las siguientes gráficas para recibir correo electrónico usando Netscape Messenger.

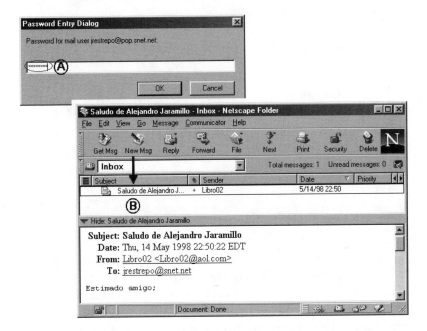

Siga los siguientes pasos mientras mira la gráfica anterior para recibir correo electrónico con Netscape Messenger.

A Si ve este recuadro pidiéndole su contraseña, escríbala en esta línea y después haga clic sobre "OK".

B Finalmente, coloque el indicador encima del mensaje que desea abrir y haga clic una vez para verlo.

La siguiente gráfica muestra el mensaje que recibió. Si ve más de un mensaje nuevo, lea el primero y después ciérrelo; luego siga los mismos pasos de la página anterior para leer el próximo mensaje y así sucesivamente.

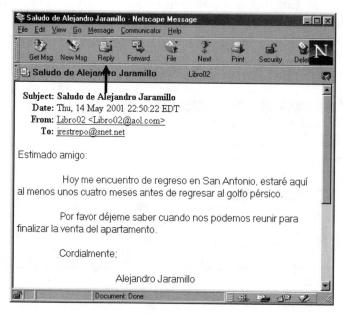

Si desea responder a este mensaje, coloque el indicador sobre "Reply" (indicado por la flecha) y haga clic una vez. Recuerde que cuando elige responder a un mensaje la dirección electrónica de la persona que le envió el mensaje es añadida automaticamente a la lista de las personas que recibirán la respuesta; de esta manera sólo necesita escribir el mensaje y escoger "Send" para enviarlo.

Cómo crear mensajes de correo electrónico fuera de línea con el programa Outlook Express

Este programa de la compañía Microsoft se está convirtiendo en uno de los favoritos para enviar y recibir correo electrónico en los Estados Unidos.

La siguiente gráfica muestra el programa de correo Outlook® Express.

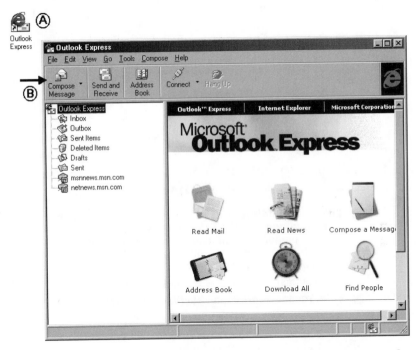

En la gráfica anterior verá cómo el proceso de crear mensajes electrónicos para enviarlos más tarde es muy simple.

Ⓐ Primero coloque el indicador al símbolo de Outlook® Express y haga clic dos veces para abrir este programa de correo electrónico. Cuando el programa le pregunte si desea conectarse a su proveedor de servicio al Internet, conteste "No".

Ⓑ Ahora coloque el indicador a "Compose Message" (preparación del mensaje) y haga clic una vez para comenzar a escribir el mensaje.

Cuando vea la siguiente gráfica, siga las siguientes instrucciones para crear un mensaje electrónico que será enviado más tarde. Este procedimiento se puede repetir cuantas veces sea necesario para preparar y guardar varios mensajes y enviarlos todos a la vez.

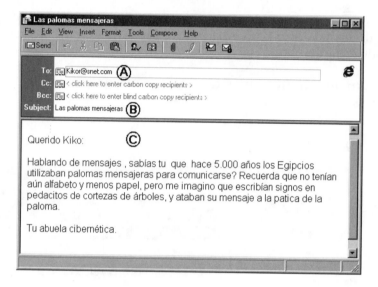

Siga los pasos de abajo mientras mira la gráfica anterior para crear correo electrónico usando Outlook Express:

A En esta casilla escriba la dirección electrónica de la persona que recibirá el mensaje electrónico; si desea enviar este mensaje a más de una persona, escriba una coma y después la dirección de la segunda persona que recibirá el mensaje.

B En esta casilla escriba el tema del mensaje.

C En el recuadro principal, escriba el mensaje.

NOTA

Casi todos sus programas de correo electrónico tienen una función para preparar su mensaje o mensajes con anticipación, antes de conectarse a la red. Imagine se usted que es un periodista que va a enviar su columna de periódico o revista por este medio y necesita no sólo redactar el artículo, sino esperar a tener una línea de teléfono a su disposición, porque está de viaje. En este caso, use la función de "Send Later" para enviar el mensaje la próxima vez que entre a su servicio en línea.

Ahora siga la siguiente gráfica para guardar este mensaje y enviarlo la próxima vez que establezca una conexión con su proveedor de servicio al Internet.

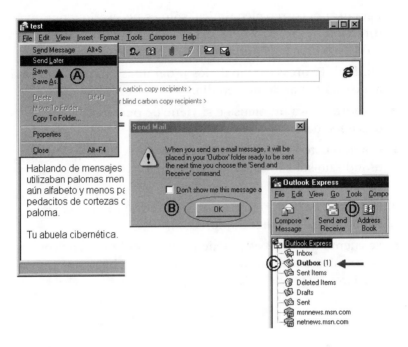

Mire la gráfica anterior y siga los siguientes pasos para guardar este mensaje en su disco duro con el fin de enviarlo más tarde:

Ⓐ Primero coloque el indicador a "File" y haga clic sobre "Send Later".

Ⓑ Ahora recibirá el aviso que este mensaje será guardado en la casilla de salida de su buzón electrónico para ser enviado más tarde.

Ⓒ A continuación puede ver cómo en frente de "Outbox" aparece el número uno, el cual representa un mensaje listo para ser enviado la próxima vez que establezca una conexión al Internet. Si tiene dos mensajes para enviar, aparecerá el número dos y así sucesivamente.

Ⓓ La próxima vez que establezca una conexión al Internet y abra Outlook Express, haga clic sobre a "Send and Receive", para enviar los mensajes que están en su "Outbox".

Para recordar

- El correo electrónico convierte a su computadora en un mensajero de servicio postal virtual.

- Para usar el correo electrónico, sólo es necesario tener una dirección de correo y tener acceso a una computadora con un módem o una conexión al Internet a través de una red local.

- Outlook Express es uno de los programas de correo que más auge está tomando hoy en día.

- No abra nunca un mensaje si viene de personas o entidades desconocidas.

- Cuando usted está utilizando el correo electrónico, está usando no sólo su servicio de Internet, sino también su línea telefónica.

- El programa de correo electrónico Outlook Express viene incluido con Internet Explorer 5.0.

- La cuenta de POP3 es uno de los tipos de cuenta de correo electrónico más comunes con las cuales trabajan los proveedores de servicio de Internet.

Las Páginas Personales

Las Páginas Principales y las Personales

Una Página Principal ("Home Page") es la página virtual de entrada a un servidor Web, de una compañía, un país o una organización sin fines de lucro.

Por contra, cuando usted lea el término "Páginas Personales" se refiere al tipo de página virtual publicada por individuos para expresar sus diferentes puntos de vista o enviar noticias sobre ellos o sus familias. La Página Personal es como una vitrina virtual que le permite comunicar al resto del mundo, o a un número reducido de personas con intereses similares a los suyos, sus pensamientos, actividades o sueños. Ésta puede ser vista, a menos que sea una página privada, por casi todos los usuarios que tienen servicio de Internet alrededor del mundo.

Tanto en una Página Principal como en una Personal se pueden combinar texto, fotografías y sonidos. Las únicas limitaciones son el tiempo el espacio y los recursos de software que posea para crear esta página.

En inglés se hace muy poca distinción entre la página virtual de IBM y la página virtual que crearé más adelante en este capítulo para hablar del primer libro que terminé en 1996 acerca de cómo usar computadoras en general. Es decir, que en inglés ambas son simplemente "Home Pages".

Los servicios en línea más conocidos, como America Online y MSN, le permiten publicar su página virtual como parte de su servicio ilimitado.

En lo que se refiere a los proveedores del servicio de Internet, los requisitos para tener una página virtual varían de proveedor a proveedor.

Algunos servidores le permiten tener 5 o más MB como parte de su servicio de tiempo ilimitado y otros le cobran extra por tener una página virtual.

También existen compañías, como Tripod, que le permiten crear una Página Personal de manera totalmente gratuita.

La Página Principal del servidor Web de la revista *Latina*

A pesar de haber salido a la circulación hace sólo algunos años, esta revista es muy popular en los Estados Unidos.

La dirección virtual, o URL, de la revista *Latina* es *http://www.latina.com.*

En la siguiente gráfica puede ver la Página Principal del servidor Web de la revista *Latina*.

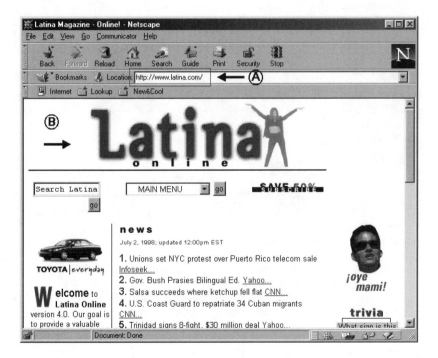

En la gráfica anterior puede ver, siguiendo las letras en mayúsculas, los siguientes pasos:

A Ésta es la dirección virtual en que se puede encontrar esta Página Principal.

B Este símbolo o logotipo quiere decir que está al nivel de la página de entrada a este servidor Web.

La siguiente gráfica ilustra la página personal de Evelyn Gallardo, una escritora de libros para niños y fotógrafa de animales salvajes.

El URL de la Página Personal de Evelyn Gallardo es *http://www.evegallardo.com*.

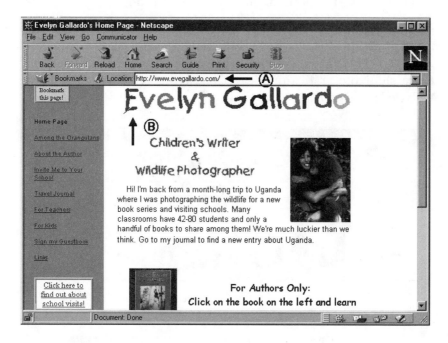

En la gráfica anterior puede ver:

Ⓐ La dirección virtual, o URL, en que se puede encontrar esta página personal.

Ⓑ Este símbolo o logotipo quiere decir que está al nivel de entrada a esta Página Personal.

Cómo crear una Página Personal

Una Página Personal, por ser una ventana que habla de usted al mundo, debe contar con suficiente información como para permitir a quienes la visiten enterarse del propósito de la página tan pronto como entran a ella.

La siguiente gráfica ilustra de nuevo la Página Personal de Evelyn Gallardo, una escritora de libros para niños y fotógrafa de animales salvajes.

En esta Página Personal puede ver los elementos principales de una página personal.

A El título. Este puede ser su nombre personal o cualquier otro nombre que pueda servir de referencia para las personas a quienes esté dirigida su página.

B El objetivo de la página, o solamente referencia a la información personal.

C La lista de los enlaces que usted recomiende.

D Su dirección electrónica, para que de esta manera las personas que estén interesadas en ponerse en contacto con usted puedan hacerlo.

Cómo crear una Página Personal en el servidor Web de Tripod

En este capítulo aprenderá a cómo hacer una Página Personal totalmente gratis usando el servidor Web de una compañía llamada Tripod, la cual le permite usar hasta 50 MB de información totalmente gratis.

La forma como Tripod puede ofrecer espacio gratuito en sus páginas, es colocando anuncios comerciales en todas las páginas virtuales, para de esta manera subsidiar el costo de compra de equipos y mantenimiento.

Uno de los únicos requisitos para crear una página virtual con este servicio es tener una dirección de correo electrónico; Tripod solo le permite tener una cuenta de usuario por cada dirección de correo electrónico.

Para este ejemplo el autor creó una Página Personal hablando de su próximo libro, con el objeto de darlo a conocer a aquellas personas que puedan estar interesadas en familiarizarse con los diferentes componentes de una computadora de uso personal y demás aspectos importantes sobre el uso de una computadora.

Si está interesado en crear una Página Personal, siga estas instrucciones y solamente cambie la información en la página que se da como ejemplo.

En la página siguiente aprenderá la forma como puede conseguir que una compañía, llamada Mystic Color Labs, le ayude a pasar sus fotografías a un medio digital. De esta manera le será posible añadir fotografías a su Página Personal.

Cómo copiar fotografías a su disco duro

Uno de los elementos más comunes de una Página Personal es una fotografía de la persona a la cual pertenece la página, o de un producto que esté tratando de promover; si se trata de algo más abstracto, puede escoger un símbolo, como sería por ejemplo una paloma para una campaña por la paz.

Éstas son cuatro de las maneras de copiar una fotografía a una computadora:

- Tomar una fotografía que ya existe y usar un "scanner" para pasarla a un disco.
- Usando una cámara digital.
- Recibiendo la fotografía en un mensaje de correo electrónico.
- Tomando fotos con una cámara corriente y enviándolas a una compañía especializada que las revelará y convertirá a un formato digital.

Para usar la última opción, envié el rollo a la compañía Mystic Color Labs. Para usar este servicio llame al teléfono 1-800-367-6061 y solicite los sobres especiales para enviar sus rollos o fotografías.

La dirección virtual de Mystic Color Lab es: *http://www.mysticcolorlab.com/*.

Cómo registrarse con Tripod para hacerse socio de este servidor Web

Tripod es una compañía que le permite crear Páginas Personales sin cargo alguno; ellos se cobran poniendo anuncios comerciales en su página, ya que los negocios que anuncian en esta compañía son los que cubren el costo del servicio.

Para comenzar a usar Tripod establezca una conexión al Internet; después abra su navegador y diríjalo a la siguiente dirección virtual: *http://www.tripod.com.*

Cuándo el navegador le muestre la siguiente gráfica, haga clic sobre "Sign Up now for 50MB of FREE space!".

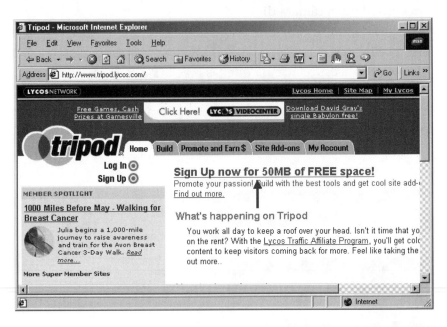

La dirección virtual de este servidor Web es *http://www.tripod.com.*

Ahora puede comenzar el proceso de conseguir una membresía de Tripod. Ésta le permitirá entrar a ese servidor Web y publicar una página virtual de hasta 50 MB.

La siguiente gráfica le pide que seleccione un nombre de usuario y una contraseña.

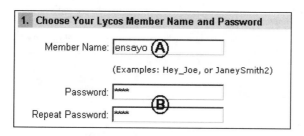

Conteste las preguntas del recuadro anterior, de la siguiente manera:

Ⓐ En esta línea escriba el nombre de usuario que desea usar. Si este no está disponible, el programa le sugerirá que elija uno diferente.

Ⓑ En esta línea escriba la contraseña que desea usar con números o letras.

Use la tecla PAGE DOWN para ver el resto de esta página.

En el recuadro anterior trate de llenar el mayor número de estas casillas con su información personal; después use la tecla PAGE DOWN para continuar.

Ahora puede ver el contrato de uso con Tripod, estar de acuerdo con esto es uno de los requisitos necesarios para conseguir una membresía en este servidor Web.

La siguiente gráfica representa el final de la página para registrarse.

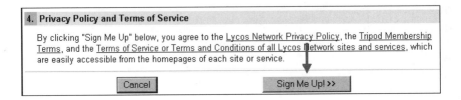

Para continuar, haga clic sobre "Sign Me Up!".

Ahora puede ver en la siguiente gráfica la primera pantalla que verá cuando termine de registrarse para usar Tripod.

Para comenzar este ejemplo de crear una Página Personal, haga clic sobre "Site Builder".

El proceso de crear una Página Personal en Tripod

Ahora puede crear una Página Personal puede ser bastante elaborada como para promoverse como profesional o una que solo habla de sus "hobbies". También puede tomarse todo el tiempo que quiera en terminarla, es decir puede regresar a ésta cuantas veces quiera y añadir mas información cada vez que la visite.

Ahora puede ver en la siguiente gráfica que ésta lo invita a comenzar su Página Personal.

Para comenzar a crear su Página Personal, haga clic sobre "Start Building".

Ahora puede ver en la siguiente gráfica el próximo recuadro que verá, este le pregunta que clase de sitio Web desea crear.

Choose a web site type

The templates below provide a set of typical pages and sampl
most closely corresponds to the site you want to build, or you

Make Your Mark: Personal Sites

My Personal Site
E-Zine (Online Magazine)
Family Tree (Genealogy Site)
Hobby and How -To
My Recipes
Weblog (Online Diary)

En el recuadro anterior haga clic sobre "My Personal Site" para crear una Página Personal.

Una Página Personal puede tener varios tipos de diseños; en estas páginas aprenderá a usar uno de los diseños disponibles en este servidor de Tripod.

Ahora puede ver en la siguiente gráfica, que es necesario darle un nombre a su Página Personal.

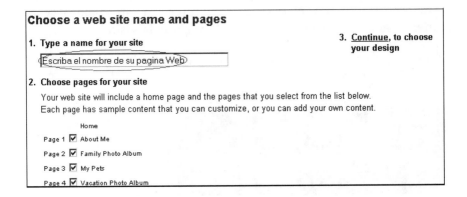

Escoja el nombre de su página Web colocando el ratón sobre la línea de "Type a name for your site" y haciendo clic, ahora escoja un título que describa el propósito de su Página Personal. Para continuar haga clic sobre "Continue" y después escoja el tipo de diseño que desea usar.

Cuando escoja el título de su Página Personal puede usar su nombre o el de una causa en la cual usted esté particularmente interesado. Por ejemplo: Rincón de Poetas Latinoamericanos; Amigos del Medio Ambiente, etcétera. Recuerde que si por ejemplo crea una Página Personal con noticias de su familia, esta podrá ser visitada por familiares suyos en otros países.

En la siguiente gráfica puede ver el recuadro de escoger el tipo de diseño que desea usar para su Página Personal.

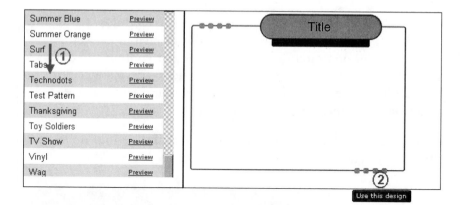

Trabaje con el recuadro anterior de la siguiente manera:

1. Coloque el ratón sobre el tipo de diseño que desea usar y haga clic sobre él. Si desea puede tratar varios tipos de diseño que quiera revisar previamente para ver si le gustan, haciendo clic sobre la palabra "Preview" que está al lado de cada uno de estos nombres. Si un diseño no le gusta, use la tecla BACKSPACE para regresar a esta pagina y siga tratando hasta que encuentre él que desea usar.

2. Una vez que encuentre el tipo de diseño que desea usar en su Página Personal, haga clic sobre "Use this design".

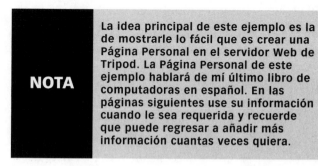

NOTA La idea principal de este ejemplo es la de mostrarle lo fácil que es crear una Página Personal en el servidor Web de Tripod. La Página Personal de este ejemplo hablará de mí último libro de computadoras en español. En las páginas siguientes use su información cuando le sea requerida y recuerde que puede regresar a añadir más información cuantas veces quiera.

Cómo trabajar con los módulos en una Página Personal

Una Página Personal consiste en una serie de módulos. Estos comprenden el mensaje que usted quiere dar al visitante de su Página Personal, algunos módulos también pueden contener fotografías. En Tripod cada uno de estos módulos tiene texto sugerido y un botón virtual llamado "Edit", que le ayudara a cambiar el texto sugerido a uno que usted desee usar.

En la siguiente gráfica puede ver como trabajar en uno de los módulos en su Página Personal.

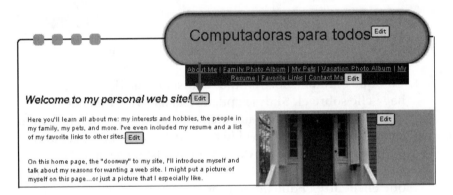

La manera de trabajar con cada uno de estos módulos es la siguiente:

1. Seleccione el modulo con él cual desea trabajar. En este ejemplo "Welcome to my personal web site!".
2. Después haga clic sobre la palabra "Edit" que está a la derecha del módulo con él que desea trabajar.

NOTA

Para crear esta Página Personal a veces es necesario usar la tecla PAGE DOWN, para poder ver el resto de la página virtual en la cual está trabajando. Es decir que si el ejemplo que está siguiendo en este capítulo no aparece desde el primer momento en su navegador, debe utilizar esta tecla para acabar de ver el resto de la página.

Cómo añadirle texto a su Página Personal en Tripod

Ahora puede añadir texto para exponer la idea principal de su Página Personal, o añadir una fotografía a su Página Personal. Recuerde que el orden de crear una Página Personal no es tan vital y que si cambia de idea acerca de algo puede regresar a corregirlo después.

El siguiente recuadro le ayudará a entender como reemplazar el texto sugerido de este módulo en su Página Personal.

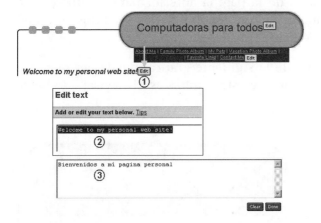

Por ejemplo, para cambiar el saludo sugerido de "Welcome to my personal web site!", al saludo de su Página Personal hágalo de la siguiente manera:

1. Haga clic sobre "Edit", al lado del texto sugerido.
2. Ahora seleccione todo este texto, colocando el indicador sobre una de estas palabras y usando la combinación CTRL + A.
3. Finalmente escriba el saludo que desea usar para su Página Personal.
4. Para terminar haga clic sobre "Done".

En la siguiente gráfica puede ver el saludo que eligió (Bienvenidos a mi página personal), que reemplazo el texto sugerido y aparece en su Página Personal.

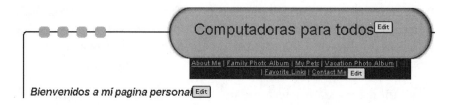

Siga los mismos pasos de la página anterior para añadir texto a cada uno de estos módulos, repitiendo los mismos pasos, antes de publicar su página Web.

En la Página Personal de la siguiente gráfica, puede ver que ésta solamente tiene un cambio y este cambio es el mensaje de bienvenida.

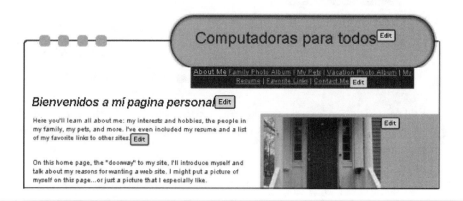

Ahora puede cambiar todos los demás módulos que componen esta Página Personal de la misma manera, hasta que ya esté contento con los resultados.

Cómo borrar un módulo que no desea usar

Como pudo ver anteriormente, esta Página Personal consiste de una serie de módulos y cada uno de estos tiene un texto sugerido en inglés. Si no desea usar uno de estos módulos lo debe borrar, ya que de lo contrario este aparecerá también en su Página Personal cuando decida publicarla.

En la siguiente gráfica puede ver el proceso de quitar uno de estos módulos, de su Página Personal.

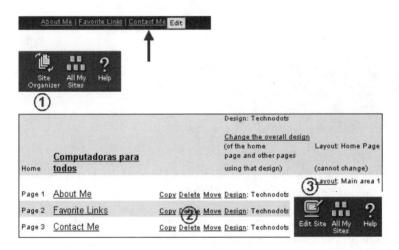

Por ejemplo si desea borrar el módulo "About Me" en su Página Personal, lo puede borrar de esta manera:

1. Haga clic sobre "Site Organizer", ahora el navegador cambiará a esta página anterior.
2. Busque el nombre del módulo que desea borrar, en este caso "About Me" y después haga clic sobre la palabra "Delete" enfrente de éste.
3. Ahora haga clic sobre "Edit Site" para regresar a trabajar en su Página Personal.

Cómo añadirle una imagen a su Página Personal en Tripod

También es posible añadir una imagen a su Página Personal; para terminar esta operación es necesario saber localizar la imagen que quiere agregar del disco duro a su Página Personal. Tripod sólo acepta archivos del tipo GIF o JPG, por el hecho de que estos toman mucho menos espacio en un disco duro.

En la siguiente gráfica puede ver la imagen sugerida, ahora la puede cambiar a una de su preferencia.

Para comenzar el proceso de añadir una imagen haga clic sobre "Edit", al lado de esta gráfica que Tripod le dió a sugerir.

En la siguiente gráfica puede ver cómo elige buscar la fotografía que desea usar, para añadirla a su Página Personal.

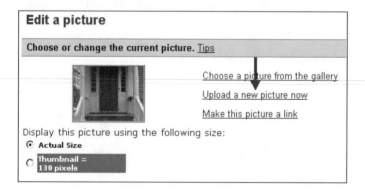

En el recuadro anterior haga clic sobre "Upload a new picture now".

Cuando hace clic sobre "Upload a new picture now", el siguiente recuadro se abrirá para ayudarle a encontrar la gráfica que desea usar para su Página Personal.

Escoja el archivo que representa la fotografía que desea usar de la siguiente manera:

1. Coloque el indicador sobre el nombre del archivo que desea usar y haga clic dos veces para seleccionarlo.

2. Si el archivo que desea abrir no está en la ventana de "My Documents", haga clic sobre esta barra para buscarla en otra parte del disco duro.

En la siguiente gráfica puede ver el proceso final para copiar esta fotografía al servidor Web de Tripod.

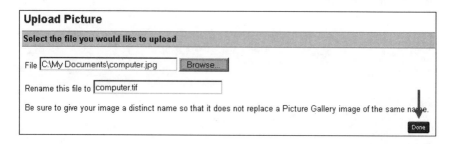

Para copiar esta fotografía al servidor de Tripod, haga clic sobre "Done".

En la siguiente gráfica puede ver cómo su fotografía fue copiada sin ningún problema.

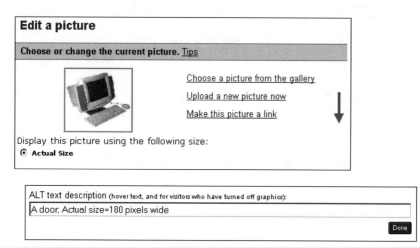

Finalmente use la tecla PAGE DOWN para ver el resto de esta pantalla. Para usar esta fotografía solo es necesario hacer clic sobre "Done". Cuando regrese a su Página Personal, podrá ver la fotografía que subió al servidor Web de Tripod.

Cómo regresar a su Página Personal para hacer más cambios

Este proceso de crear una Página Personal le puede tomar algún tiempo en terminar y por esto puede que necesite regresar muchas veces al servidor de Tripod para hacerle más cambios a su Página Personal, hasta que ya crea que esta lista para ser publicada para ser vista por todas las personas que sepan de ella.

En la siguiente gráfica puede ver de nuevo la pantalla de entrada a Tripod, en la dirección virtual *http://www.tripod.com*.

Para entrar a hacer cambios a su Página Personal, es necesario regresar a Tripod de la siguiente manera:

1. Una vez que su navegador le muestre esta pantalla anterior, haga clic sobre "Log In".

2. Ahora en esta página escriba su nombre de usuario y su contraseña y haga clic sobre "Log In".

En la próxima pantalla elija la Página Personal que desea abrir, en este ejemplo sólo puede ver la página del libro *Computadoras para todos*.

Esta gráfica le ayudara a completar este proceso de regresar a su Página Personal.

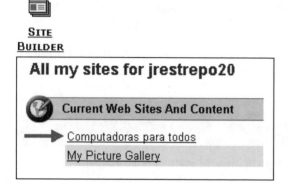

Estos son los pasos para regresar a su Página Personal:

1. Ahora haga clic sobre "Site Builder".
2. En la próxima página haga clic sobre el nombre que eligió para su Página Personal, en este caso es *Computadoras para todos*.

Ahora puede ver en la siguiente gráfica cómo esta Página Personal abrirá de nuevo.

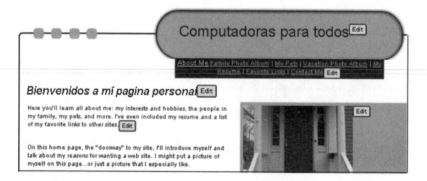

Ahora puede continuar haciendo más cambios y finalmente publicar su página.

Cómo publicar su Página Personal

Todo este proceso que vió acerca de crear una Página Personal, le permite crear una Página Personal que resida en el servidor de Tripod. Pero hasta ahora no le ha dado el permiso a este servidor para que deje que alguien más la vea, una vez que desee que el resto del mundo la vea es necesario que la publique.

La siguiente gráfica ilustra el proceso de publicar una Página Personal, para comenzar este proceso haga clic sobre "Publish Site".

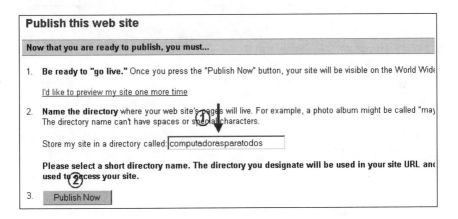

Estos son los pasos para publicar una página Web en el servidor de Tripod:

1. Revise este nombre; este será el nombre que Tripod usará para guardar su Página Personal.

2. Finalmente haga clic sobre "Publish Now".

Ahora puede ver el próximo mensaje en el cual le certifican que su Página Personal es accesible al resto del mundo.

Congratulations! Your web site has been published.

Visitors can find it at this location (URL): **http://jrestrepo20.tripod.com/computadorasparatodos/**

En este mensaje puede ver la dirección virtual o URL, en este ejemplo *http://jrestrepo20.tripod.com/computadorasparatodos/,* que debe dar a las personas que desee que visiten su Página Personal.

La siguiente gráfica representa la Página Personal que cree para hacer este libro.

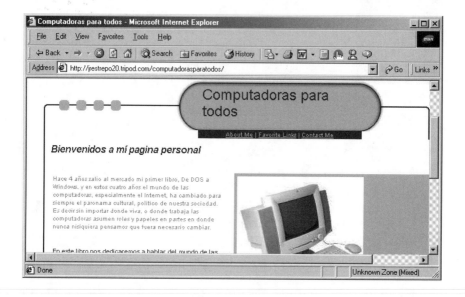

Por ejemplo esta página será accesible desde cualquier computadora que tenga acceso al Internet, siempre y cuando esta tenga la dirección virtual *http://jrestrepo20.tripod.com/computadorasparatodos/* enfrente de "Address" en un navegador.

Para recordar

- Una Página Principal ("Home Page") es la página virtual de entrada a un servidor Web de una compañía, un país o una organización sin fines de lucro.

- Las Páginas Personales son publicadas por individuos para expresar sus diferentes puntos de vista o enviar noticias sobre ellos o sus familias.

- Tripod es un servicio que le permite crear una Página Personal de manera totalmente gratuita.

- El requisito más importante para conseguir una membresía con Tripod es tener una cuenta de correo electrónico.

Recomendaciones
de seguridad

9

El Internet y las consideraciones sobre contenido y seguridad que este nuevo medio crea

El Internet es el conglomerado más grande de computadoras que existe en el mundo y hoy en día millones de personas entran a él como parte de su rutina cotidiana. La mayoría de ellas lo hacen con fines lícitos: para usarlo como una herramienta más en su trabajo o como un medio extraordinario para ampliar sus conocimientos. Pero en la misma forma como ha sucedido con otros grandes inventos del hombre, hay personas malintencionadas que lo usan para conseguir información acerca de instituciones y gobiernos de manera ilegal, con propósitos criminales. Este tipo de usuario del Internet se llama un "hacker".

Las páginas que siguen fueron escritas únicamente como sección de referencia y de ninguna manera usted debe pensar que en estas encontrará la última palabra en lo que se refiere a la seguridad de su información y el control del contenido que los miembros de su familia pueden ver en el Internet.

Es decir, que tan pronto como le llegue información adicional acerca de cómo protegerse en el Internet, por favor úsela y alerte al mayor número de personas posibles, pues la tecnología cambia tan rápido que cada día surgen nuevos descubrimientos y programas no sólo para que operen los "hackers", sino también para que usted pueda protegerse contra ellos.

El Internet es, como ya he dicho varias veces, la mayor red de computadoras y de usuarios que ha existido hasta ahora; en ella encuentra usted, como en el cine o la televisión, al mismo tiempo que información útil e instructiva, gran cantidad de basura.

Por esta razón es siempre importante la supervisión de los padres, cuando los niños menores de edad hagan uso del Internet.

En esta páginas aprenderá cómo controlar el contenido de lo que sus pequeños pueden ver en el Internet. Insisto que estas sugerencias no deben ser tomadas como definitivas, es posible que debido al tipo de acceso que usted usa para conectarse al Internet no pueda utilizarlas. En ese caso, siga buscando, primero con su servidor de Internet y luego con familiares y amigos que puedan sugerirle otras medidas de seguridad.

En las páginas siguientes los maestros y padres de familia encontrarán información acerca de Net Nanny, un programa que está siendo promovido por la compañía Microsoft. Si decide usar este programa, úselo a sabiendas de que ningún programa es ciento por ciento efectivo y nada puede reemplazar la presencia de un adulto responsable. Lo único que es ciento por ciento efectivo es desconectar la línea de teléfono. Precisamente en el servidor Web de Infosel (un servicio en línea muy usado en México) anuncian un dispositivo que al ser instalado impide usar su línea de teléfono cuando usted así lo desée.

Que puede hacer para controlar el contenido que miembros de su familia pueden ver mientras usan el Internet

Una de las consideraciones más importantes para un padre de familia que pretende mantenerse al día con esta tecnología es asegurarse de que sus hijos estén protegidos en lo que se refiere al contenido de lo que pueden recibir mientras usan el Internet.

La realidad es que se puede tratar, pero nada reemplaza, como dije antes, la presencia del padre o de la madre para asegurarse de que el contenido de lo que sus hijos ven en el Internet sea apropiado para su edad.

America Online dedica mucho tiempo y recursos a permitir a sus usuarios controlar el contenido de lo que los menores de edad pueden ver. Si tiene este servicio en línea, lea las indicaciones de cómo agregar usuarios a su cuenta y cómo controlar el contenido que estos usuarios pueden ver mientras usan las diferentes áreas de este servicio en línea y también el Internet.

Si usa un proveedor de servicio al Internet (como AT&T WorldNet o inclusive MSN) y usa Internet Explorer 5.0, lea la sección de "Ratings", o calificaciones, para aprender cómo controlar el contenido que los miembros de su familia pueden ver mientras visitan servidores Web a través del Internet.

El programa Net Nanny

Este es uno de los programas que le pueden ayudar a controlar el contenido al alcance de los miembros menores de edad de su familia mientras usan el Internet.

Este programa se puede comprar directamente en el servidor Web de esta compañía, visitando la dirección virtual, o URL: *http://www. netnanny.com.*

El autor de este libro no garantiza que este programa resuelva todas sus inquietudes acerca del contenido que miembros de su familia pueden encontrar mientras usan el Internet. Lo más importante acerca de él es el respaldo de la compañía Microsoft, que está promoviéndolo y que seguramente seguirá perfeccionándolo a medida que la demanda aumente. Por ese motivo, pienso que es una buena solución en este momento, siempre que se utilice de la manera correcta.

Una vez que encuentre el servidor de Net Nanny, si desea comprar este programa coloque el indicador encima de "Buy Net Nanny online" y haga clic una vez.

Cómo controlar el contenido de lo que se puede ver cuando usa Internet Explorer 5.0

Si tiene servicio de acceso al Internet a través de un ISP y usa este navegador, es posible cambiar las preferencias para permitir o negar la entrada a servidores Web, conforme a las preferencias en su sección de contenido.

Este sistema de control requiere que servidores Web a través del Internet se adhieran a este sistema de clasificación; por esta razón, le impide que visite servidores Web que no estén afiliados a este sistema de clasificación creado por Microsoft. Esto puede impedir que usted visite otros servidores Web que ofrecen solamente información de muchos temas de interés general, si todavía no se han adherido a este sistema de clasificación.

Para cambiar la configuración de los controles, primero abra Internet Explorer 5.0, después haga clic sobre "View"; finalmente, haga clic sobre "Internet Options".

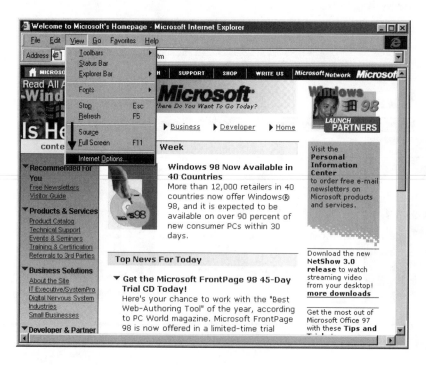

Cuando vea la siguiente pantalla, coloque el indicador sobre "Content" y haga clic una vez.

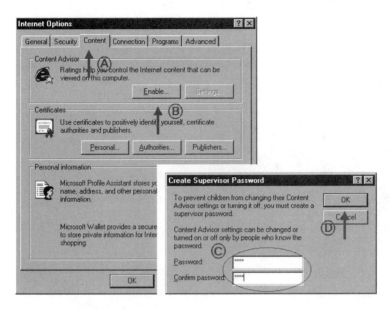

Cuando vea el recuadro anterior, trabaje con él para configurar el sistema de controler que usará mientras utiliza este navegador.

Ⓐ Cuando la pantalla de preferencias se abra, coloque el indicador a "Content" (contenido) y haga clic una vez.

Ⓑ Ahora coloque el indicador a "Enable" (permitir) y haga clic una vez.

Ⓒ Este recuadro es para escribir su contraseña, la cual le permitirá administrar las clasificaciones ("ratings"). Escriba la contraseña que desea usar en la primera casilla y después repítala en la segunda (la contraseña puede ser cualquier palabra o sucesión de números que usted escoja y que le sea fácil recordar).

Ⓓ Finalmente, haga clic sobre "OK" para comenzar el proceso de clasificación de los servidores Web que desea visitar.

Control del contenido mediante el Internet Explorer 5.0

La siguiente gráfica muestra cómo entrar al programa de clasificación de servidores Web de Internet Explorer 5.0.

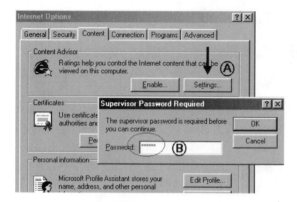

Para configurar el sistema de control, mire la gráfica anterior y siga estos pasos:

Ⓐ Primero coloque el indicador a "Settings" (criterio) y haga clic una vez.

Ⓑ Ahora escriba en esta casilla en blanco la contraseña que eligió en la página anterior. Una vez escrita esta contraseña, haga clic sobre "OK" para continuar a la parte de cambiar el sistema de clasificación de este navegador.

NOTA

Este capítulo se agregó en beneficio de aquellos padres que tienen reservas acerca del contenido que los miembros de sus familias pueden ver mientras visitan servidores Web a través del Internet, pero la información y los programas cambian tan a menudo que, como dije antes, usted no debe tomar estas recomendaciones como la última palabra en este asunto.

Ahora puede ver en la siguiente gráfica el asesor de contenido de Internet Explorer 5.0. Utilizándolo podrá controlar la calidad del contenido de la información que los miembros de su familia pueden ver sin problema, según su criterio, mientras visitan servidores Web.

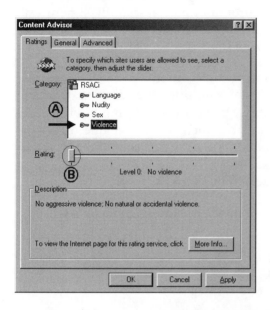

Siga estos pasos mirando la página de arriba para usar el siguiente sistema de clasificación o categorías:

Ⓐ Coloque el indicador sobre la categoría que desea controlar, en este ejemplo "Violence" y haga clic sobre ella.

Ⓑ Ahora coloque el indicador sobre la barrita señalada en el círculo y sostenga el botón izquierdo del ratón para controlar el nivel máximo de violencia que un usuario podrá ver utilizando este navegador. Si mueve la barrita hacia la izquierda, solo podrá visitar servidores Web con poca o ninguna violencia; si la mueve hacia la derecha, el navegador permitirá visitar servidores Web con contenido más violento.

Cómo crear nombres de usuario adicionales en AOL

America Online parece ser una de las compañías que está gastando más tiempo y recursos con el objetivo de asegurar que el contenido de su servicio en línea sea apropiado para las familias; pero esto sólo funciona si se siguen al pie de la letra todos los pasos para cambiar la configuración de este servicio.

Una de las maneras de controlar el contenido en AOL es crear nombres de usuarios adicionales, con diferentes niveles de acceso a los servicios que ofrece AOL, como es, por ejemplo, el uso del Internet. En esta forma es posible inclusive evitar que otras personas que utilizan su computadora tengan acceso al Internet mientras utilizan AOL. Para usar este nivel de servicio es necesario tener una versión de AOL de al menos 3.0.

Para agregar un usuario nuevo, primero abra su copia de AOL.

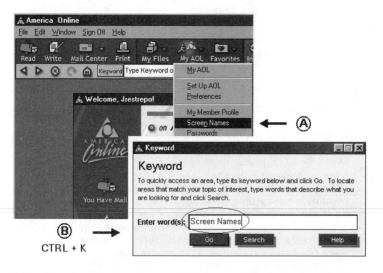

Siga los siguientes pasos mientras mira la pantalla de arriba para comenzar a añadir más usuarios a su cuenta de AOL:

Ⓐ Coloque el indicador sobre "My AOL" y haga clic una vez.

Ⓑ También puede usar la combinación de teclas CTRL+K y escribir "Screen Names" (America Online le permite agregar hasta 5 nombres de usuarios) en la casilla en blanco y después pulse la tecla ENTER.

Ahora puede ver en la siguiente gráfica la pantalla para agregar más nombres de usuarios en AOL.

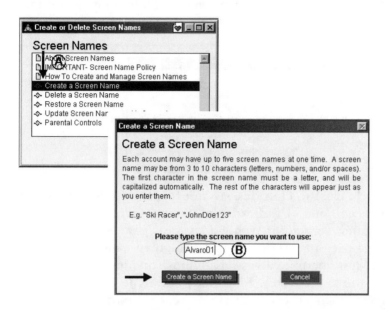

En la pantalla anterior siga estos pasos para crear un nuevo usuario a su cuenta de AOL:

Ⓐ Primero coloque el indicador sobre "Create a Screen Name" (crée un nuevo nombre de usuario) y haga clic una vez.

Ⓑ Ahora coloque el indicador sobre la línea en blanco y haga clic sobre esta casilla. A continuación puede escribir el nombre del nuevo usuario que estará autorizado para usar su cuenta de AOL. Por último, haga clic sobre "Create a Screen Name".

NOTA AOL le permite registrar hasta 5 usuarios, los cuales pueden utilizar el servicio en línea usando la misma cuenta, sin importar la localización geográfica de ellos. El único usuario autorizado para crear cuentas adicionales en AOL es la persona que abrió la cuenta originalmente.

En la siguiente gráfica, escriba dos veces la contraseña que este usuario usará, primero en la casilla de la izquierda y después en la de la derecha. Esta contraseña debe contener un mínimo de 4 caracteres; pueden ser letras o números (Cali, por ejemplo).

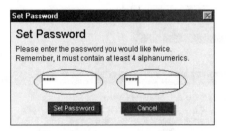

Ahora verá la clasificación de este nuevo usuario. Si éste es un adolescente, coloque el indicador a "Young Teen" (este permite acceso a algunos servidores Web y a las áreas para adolescentes en AOL) y haga clic una vez. Si se trata de alguien menor de 14 años elija "Kids" (éste permite acceso a algunos servidores Web y a las áreas para niños en AOL). Si es mayor de edad, puede elegir "18+"; de esta manera, este usuario no tendrá restricciones mientras usa el Internet.

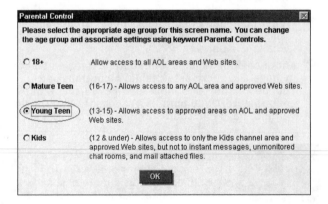

Cómo cambiar la configuración de contenido en su cuenta de AOL

Si más adelante decide cambiar la anteriores preferencias de contenido, lo puede hacer visitando de nuevo la sección de preferencias de "Screen Names" con las instrucciones en las páginas anteriores.

Cuando vea la sección "Create or Delete Screen Names" (crear o borrar cuentas) coloque el indicador sobre "Parental Controls" y haga clic una vez.

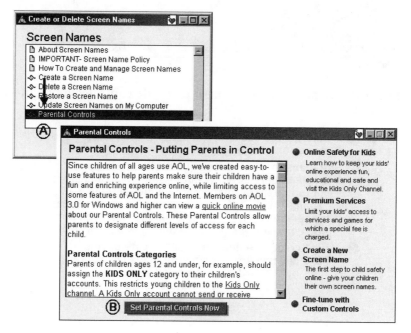

Trabaje con las dos gráficas anteriores de la siguiente manera:

Ⓐ Cuando el recuadro de "Screen Names" se abra, coloque el indicador sobre "Parental Controls" y haga clic una vez.

Ⓑ Ahora verá la siguiente gráfica. En ésta coloque el indicador sobre "Set Parental Controls Now" (ahora establezca controles en su calidad de padre o guardián) y haga clic una vez.

Ahora en la siguiente gráfica puede ver el recuadro de controles de contenido para usuarios del servicio en línea de America Online.

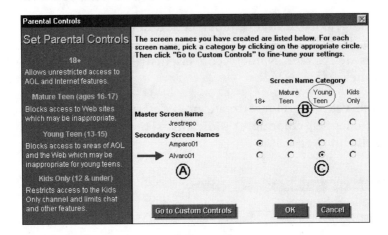

Ésta es la manera de trabajar con el panel de controles de la gráfica anterior:

Ⓐ Primero haga clic sobre el nombre del usuario cuyo acceso al Internet desea cambiar.

Ⓑ Por ejemplo, si no desea que este usuario pueda utilizar a servidores Web que tienen, a su juicio, contenido inapropiado para un menor, elija "Young Teen". Así, este usuario sólo podrá visitar los servidores Web que han sido clasificados por AOL como apropiados para menores de edad.

Ⓒ Ahora coloque el indicador sobre este círculo y haga clic una vez. Finalmente, haga clic sobre "OK" para guardar su selección.

Cómo entrar al AOL con uno de los nombres de usuarios adicionales

Como vimos en las páginas anteriores, en AOL es posible crear nombres de usuarios adicionales al que fue creado cuando abrió su cuenta de AOL.

Para seguir este ejemplo, abra su copia de AOL.

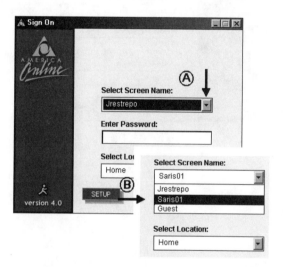

Finalmente, puede ver en la gráfica anterior cómo puede uno de estos usuarios adicionales ingresar al AOL.

Ⓐ Primero coloque el indicador sobre el punto indicado con la flecha y haga clic una vez.

Ⓑ Ahora coloque el indicador encima del nombre del usuario que usará AOL y pulse el haga clic una vez.

Ahora puede ver en la siguiente gráfica cómo el usuario entra al AOL; en esta sesión es Amparo01. Finalmente, haga clic encima de "Sign On" para conectarse con AOL.

Los "Cookies" y el Internet

Un "Cookie" en el Internet es un archivo pequeño que es enviado a su computadora por un servidor Web cuando lo visita. Estos pequeños archivos recogen información acerca de usted, como por ejemplo su dirección electrónica; por eso es muy común recibir correo electrónico de servidores Web que acaba de visitar.

Es decir que algunas compañías se creen con derecho de obtener información acerca de usted mientras usted está visitando sus servidores Web.

Por otra parte, algunas compañías utilizan "Cookies" para asegurarse de la identidad exacta de un usuario, confirmando su información personal, para hacer negocios como comprar y vender acciones en el Internet. En este caso, si usted rechaza recibir "Cookies", es posible que no le permitan usar este tipo de servidor Web.

Usted puede decidir si permitir que estos servidores Web le envíen "Cookies" o que le den un aviso cada vez que un servidor Web le envíe un "Cookie".

En el siguiente recuadro puede ver archivos del tipo "Cookie" al nivel del subdirectorio "Cookies" en el directorio de Windows.

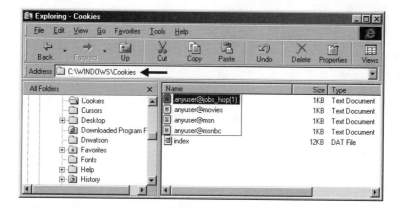

Cómo cambiar la configuración de los "Cookies" en Internet Explorer 5.0

Con este navegador es posible cambiar la configuración para permitir o rechazar los "Cookies" que algunos servidores Web le envían a su computadora mientras los está visitando.

Para cambiar la configuración en este navegador, ábralo primero y después haga clic sobre "View"; después elija "Internet Options".

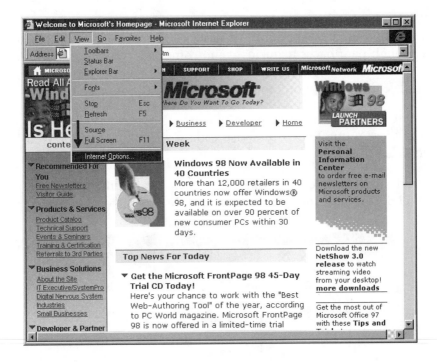

Ahora puede ver el recuadro que le permite trabajar con las preferencias de este navegador.

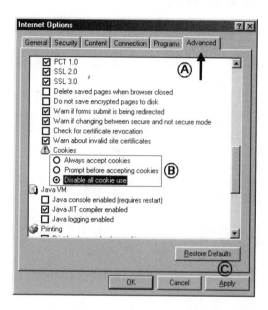

En el recuadro anterior siga los siguientes pasos para cambiar su opción de recibir "Cookies":

A Cuando el recuadro de "Internet Options" se abra, haga clic sobre "Advanced".

B Ahora pulse la tecla PAGE DOWN y coloque el indicador sobre el tipo de seguridad que desea elegir. En la mayoría de los casos, elegir "Prompt before accepting cookies" es suficiente, pero si no desea recibir ningún "Cookie" de los servidores Web que visita elija "Disable all cookie use" haga clic sobre esta opción.

C Cuando termine de cambiar sus preferencias, coloque el indicador a "Apply" y haga clic una vez. Ahora pulse la tecla ENTER para confirmar las opciones que escogió. Por último, cierre su navegador y ábralo de nuevo para comenzar a usar estos cambios.

Cómo saber si el sitio Web que está visitando es seguro

Cuando este dando información personal a un sitio Web, cerciórese que tenga un servidor seguro. Como por ejemplo cuando da el número de su tarjeta de crédito para comprar algo de una tienda virtual.

Si el sitio Web que le está pidiendo esta información, no le ofrece la posibilidad de enviar esta información a través de un servidor seguro, lo mejor es que cierre el navegador.

En la siguiente gráfica puede ver claramente el aviso que le indica que si continua entrará a una página segura.

Cuando entre a la página segura podrá ver claramente el símbolo de un candado, le indica que la información que escriba en esta página no podrá ser vista por alguien más.

NOTA

Hoy en día también es importante recordar que algunas computadoras tienen navegadores que pueden guardar mucha información que suministre a sitios Web de manera automática y la próxima persona que trate de usar ese mismo sitio Web desde la misma computadora tal vez podrá ver esta información. En las páginas que siguen aprenderá a borrar esta información, de otra manera esta información puede permanecer en una computadora que uso anteriormente.

Cómo borrar información que pueda haber sido guardada por Internet Explorer

Las últimas versiones de Internet Explorer, como la 5.5, ofrecen una función llamada auto completar; ésta es muy útil para evitar que tenga que llenar su información cada vez que hace compras en almacenes virtuales o está aplicando por una tarjeta de crédito. Si esto le preocupa revise que versión de Internet Explorer tiene y si tiene al menos la versión 5.0 de Internet Explorer, puede borrar esta información fácilmente.

La siguiente es el recuadro que indica la versión del navegador Internet Explorer.

Siga las siguientes pasos para ver si la versión de Internet Explorer que está usando tiene esta función:

1. Haga clic sobre "Help" en la barra de herramientas de Internet Explorer.
2. Arrastre el indicador hacia abajo y haga clic sobre "About Internet Explorer". Si este numero es la versión 5.5, este puede tener esta función de autocompletar.

Por ejemplo si un navegador tiene la función de autocompletar habilitada y visita un sitio Web que le pide información personal, tal vez vera información guardada en esta casilla cuando haga clic sobre ella.

E-mail address:	
Your Social Security number:	jrestrepo@aol.com
Your mother's maiden name:	

Submit   Cancel

La siguiente gráfica le ayudará a borrar esta información, si la computadora que usa tiene una versión reciente de Internet Explorer:

1. En Internet Explorer, haga clic sobre "Tools".
2. Ahora arrastre el indicador hacia abajo y haga clic sobre "Internet Options".

La siguiente gráfica representa la ventana de preferencias en Internet Explorer 5.5.

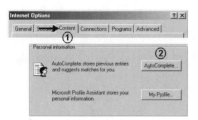

Ahora puede borrar la información que este navegador haya guardado:

1. Haga clic sobre "Content".
2. En esta página, haga clic sobre "AutoComplete".

Finalmente cuando vea la forma siguiente, haga clic sobre "Clear Forms" y sobre "Clear Passwords".

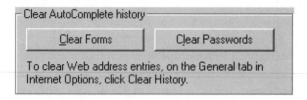

Cómo cambiar la configuración de los "Cookies" en Netscape Communicator 4.0

En este navegador es posible cambiar las preferencias para permitir o rechazar los "Cookies" que algunos servidores Web envían a su computadora mientras los está visitando.

Para cambiar la configuración en este navegador, ábralo primero, después haga clic sobre "Edit" y después elija "Preferences".

El siguiente recuadro representa la gráfica de la sección de preferencia para aceptar o rechazar los "Cookies" en este navegador.

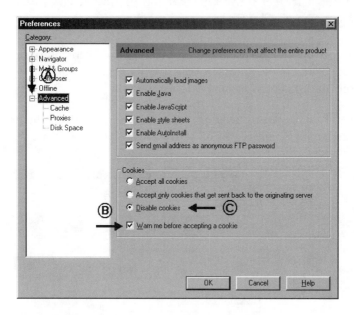

Cuando el siguiente recuadro de preferencias se abra, trabaje con él de esta manera:

Ⓐ Primero coloque el indicador a "Advanced" y haga clic una vez.

Ⓑ Coloque el indicador sobre el cuadrito indicado por la flecha y haga clic una vez para elegirlo; de esta manera si usted decide recibir "Cookies", el navegador le dará un aviso cada vez que un servidor Web le esté tratando de enviar uno.

Ⓒ Coloque el indicador encima de una de las tres opciones que desea elegir. En este caso puede ver una marca en la opción de rechazar todos los "Cookies". Otra opción es "Accept all cookies" (aceptar todos los "cookies") y la última es "Accept only cookies that get sent back to the originating server" (es decir, aceptará únicamente "Cookies" que su navegador devolverá exclusivamente al servidor que se las envió).

Para recordar

- El Internet es el conglomerado más grande de computadoras que existe en el mundo.

- America Online (AOL), el servicio en línea con mayor número de usuarios, dedica mucho tiempo y recursos para ofrecer formas de controlar el contenido de lo que los menores de edad pueden ver.

- Internet Explorer 5.0 usa el sistema de "ratings", o clasificaciones, para controlar el contenido que los miembros de su familia pueden ver mientras visitan servidores Web a través del Internet.

- Una de las maneras de controlar el contenido en AOL es la de crear nombres de usuarios adicionales.

- Si tiene una cuenta AOL y en su familia hay niños menores de edad, tiene la posibilidad de cambiar la configuración de contenidos para controlar el tipo de los servidores Web que éstos pueden visitar.

- El único usuario autorizado para crear cuentas adicionales en AOL es la persona que abrió la cuenta originalmente.

- Un "Cookie" en el Internet es un archivo pequeño enviado a su computadora por un servidor Web cuando usted lo visita.

Asistencia técnica

Cómo reconocer problemas de comunicación cuando usa el Internet

El objetivo más importante de este capítulo es ayudarle a obtener información que le será útil para solucionar problemas mientras se conecta al Internet usando los servicios en línea de proveedores de servicio al Internet. Esta información le será muy valiosa cuando hable con los teléfonos de asistencia técnica de la compañía a la cual está afiliado.

En este capítulo cubriremos las situaciones más comunes que puede encontrar mientras se conecta al Internet usando una computadora del tipo IBM.

Los siguientes son los problemas más comunes que puede encontrar cuando se conecta al Internet usando un módem:

- El módem deja de funcionar.
- La línea está ocupada.
- El programa se abre y después se cierra sin dar explicaciones sobre un posible error.
- La computadora se congela; es decir, que es imposible mover el ratón o el teclado aún después de esperar largo rato.
- Si está usando un servicio en línea y olvidó su contraseña, use uno de los teléfonos de ayuda al usuario que encontrará al final de este capítulo y comuníquese con el proveedor de su servicio en línea para pedir ayuda. Ellos le pueden ayudar a recordar su contraseña o darle una nueva.

En los siguientes casos es buena idea tomar notas detalladas del problema para tener más información cuando llame a la línea de soporte técnico, o a un conocido o pariente, para solicitar ayuda. Anote, por ejemplo:

- Si había encontrado el error anteriormente.
- En qué punto sucedió el error.
- Si el error se repite cada vez que usted abre el programa.

Los dispositivos módem

El módem es el equipo más importante cuando desea usar un servicio en línea, aunque también, como hemos visto en los diferentes capítulos de este libro, es posible usar el Internet a través de una red local, o LAN. Los módem son los que convierten las señales que salen de su computadora a señales que puedan ser transmitidas por la líneas de teléfonos.

Los tipos de módem mas comunes que existen en la actualidad son:

1. El módem analógico. Este puede ser interno o externo y funciona con la misma línea de teléfono que se usa para hacer llamadas.

2. El módem digital (ISDN), el cual es por lo general externo y usa una línea digital que acarrea un cargo más costoso por su uso.

La siguiente gráfica muestra un módem externo y uno interno. El primero tiene un puerto de 25 puntos y por lo general se conecta a un puerto serial (COM port) de 9 en la computadora y el interno que debe ser instalado dentro de la computadora.

Los puertos seriales

Estos son los puntos de conexión donde se conectan los módem de tipo externo. Por lo general, este tipo de conexión no causa dificultad a los usuarios.

El problema sucede, a veces, cuando añade más equipo a su computadora, porque en algunas ocasiones el nuevo equipo causa conflictos con el módem, cambiando la asignación de los puertos seriales.

Un ejemplo muy común sería la instalación de un equipo como el organizador Palm Pilot que, dependiendo de la configuración de su sistema, puede causarle problemas con su módem después de instalado.

Las siguientes gráficas demuestra los dos tipos de puertos seriales de más uso en computadoras personales del tipo IBM. El pequeño es un puerto de 9 agujas y el grande es un puerto de 25 agujas (las agujas de ambos salen hacia afuera).

La gráfica muestra la configuración más común que se da en una computadora del tipo IBM.

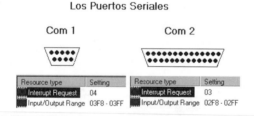

Los Puertos Seriales

Com 1		Com 2	
Resource type	Setting	Resource type	Setting
Interrupt Request	04	Interrupt Request	03
Input/Output Range	03F8 - 03FF	Input/Output Range	02F8 - 02FF

Recursos de Sistema

En la página siguiente aprenderá cómo cerciorase de que estos puertos seriales están bien configurados.

Cómo averiguar si los puertos seriales están bien configurados

En el mundo de las computadoras IBM, los puertos seriales son los componentes que más dolores de cabeza le pueden causar cuando añade nuevo equipo. En estas páginas aprenderá cómo averiguar cuáles son los números asignados a cada uno de sus puertos seriales.

Primero coloque el indicador encima de "My Computer" y haga clic una vez; ahora arrastre el indicador hasta que llegue a "Properties" y haga clic una vez.

Ahora verá la siguiente gráfica. Ésta es la ventana del programa encargado de los recursos del sistema, o "Device Manager".

Para ver la lista de componentes instalados en su computadora, siga los siguientes pasos:

- **Ⓐ** Cuando vea la ventana de "System Properties", coloque el indicador a "Device Manager" y haga clic una vez.
- **Ⓑ** Ahora coloque el indicador sobre "Ports" y haga clic una vez.

Ahora en la siguiente gráfica coloque el indicador sobre el símbolo + al lado de "Ports" y haga clic una vez para ver la lista de los puertos seriales instalados en la computadora. Si ve una X roja al lado de uno de estos puertos éste puede estar funcionado mal. Algunas veces cuando usa computadoras portátiles verá uno de estos puertos con una X roja; esto se debe a que, en algunos casos, para que el módem funcione, el puerto de rayos infrarrojos debe ser inhabilitado.

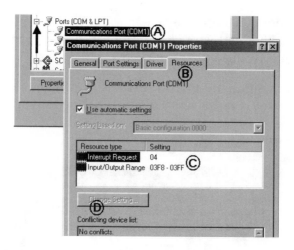

Siga los siguientes pasos para verificar la configuración de un puerto serial:

Ⓐ Primero coloque el indicador sobre el puerto serial que desea chequear y haga clic dos veces.

Ⓑ Cuando esta ventana se abra, elija "Resources".

Ⓒ Finalmente, puede ver los recursos asignados a este puerto serial.

Ⓓ Debajo de la lista de periféricos con los cuales este puerto serial tiene conflictos ("Conflicting device list") podrá ver con cuáles periféricos este puerto puede estar compartiendo los recursos de la computadora. Ahí puede residir una de las causas mayores del problema.

Lista de los recursos estándar de los puertos seriales en computadoras del tipo IBM

Si tiene problemas de comunicaciones, puede seguir los pasos anteriores para ver la dirección y el sitio de interrupción que los puertos seriales de su computadoras están experimentando. Mirando la lista podrá chequear mejor para cerciorase de que los puertos seriales están bien configurados.

Puerto serial	Dirección	Recurso
(Serial Port)	(Address)	(IRQ)
COM1	03F8	IRQ4
COM2	02F8	IRQ3
COM3	03E8	IRQ4
COM4	02E8	IRQ3

Esta información debe ser usada como punto de referencia, ya que no se recomienda cambiar la configuración de su computadora a menos que sepa muy bien lo que está haciendo. Recuerde que si cambia alguno de estos recursos, su computadora puede dejar de trabajar de manera correcta.

PARE

Este capítulo se incluye más que todo a título informativo. Nunca cambie la asignación de recursos de un módem o un puerto serial a menos que se lo recomiende uno de los técnicos de la compañía que construyó su computadora, o la compañía con la cual tiene su servicio en línea.

Problemas que puede tener con un módem y posibles soluciones

La siguiente es una lista de cosas que puede hacer antes de llamar al teléfono de soporte técnico si tiene problemas conectándose a su servicio en línea.

- Si tiene un módem externo, cerciórese de que esté prendido; también asegúrese de que la línea de teléfono esté conectada al puerto que dice "Wall" (pared) o "Line" (línea).

- Si el teléfono al cual está llamando no le contesta, marque los números directamente en su teléfono para asegurarse de que existe un módem al final de la línea.

- Si tiene un módem interno, siga las instrucciones de la siguiente página para cerciorase de que está funcionado bien.

- Si el programa que está usando se congela a cada rato, esto puede deberse a que está mal instalado.

- Consulte con su teléfono de soporte técnico para ver si ellos recomiendan reinstalar el programa.

- Si tiene el servicio telefónico llamada en espera ("Call Waiting") y su sesión en línea se congela cada vez que está usándola y alguién llama, lea la parte acerca de cómo solucionar este problema más adelante en este capítulo.

- Si usa un programa para enviar faxes y éste se prende automáticamente cuando la computadora entra a Windows 95 y tiene problemas estableciendo una conexión con su servicio en línea, ciérrelo temporalmente para ver si el problema desaparece.

Cómo determinar si su módem funciona bien

Si usa Windows 98 o Me, siga los siguientes pasos para cerciorarse del funcionamiento de su módem.

En la siguiente gráfica puede ver los pasos para abrir el panel de control de los recursos de la computadora.

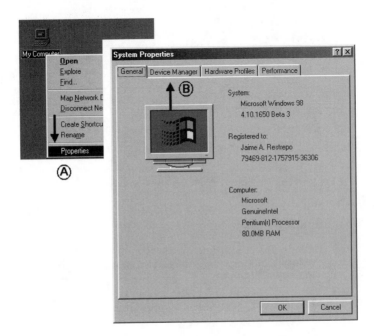

Mirando la gráfica anterior, siga estos pasos para averiguar si su módem está funcionado bien:

A Coloque el indicador encima de "My Computer" y pulse el botón derecho del indicador una vez; ahora arrastre el indicador hasta que llegue a "Properties" (propiedades) y haga clic una vez.

B Finalmente, coloque el indicador sobre "Device Manager" y haga clic una vez.

Ahora verá la siguiente gráfica; ésta representa la ventana del panel de recursos del sistema.

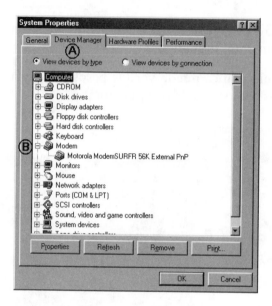

Para ver la lista de componentes instalados en la computadora, siga los siguientes pasos:

Ⓐ Cuando vea la ventana de "System Properties", coloque el indicador y haga clic sobre "Device Manager" una vez.

Ⓑ Ahora coloque el indicador sobre "Modem" y haga clic una vez, para ver si su módem está funcionando.

Si su módem no funciona, es posible que vea la siguiente gráfica en la lista de la página anterior.

Una X roja o un símbolo de exclamación en amarillo al lado del módem indican que hay un problema.

Este libro fue escrito usando Windows 98. En Windows 95 en vez de una X roja verá un símbolo de exclamación amarillo.

Si el módem no tiene una X roja ni un símbolo de exclamación amarillo, pero todavía no funciona, siga los siguientes pasos para verificar que está funcionado bien.

1. Primero haga clic sobre "Start".
2. Después arrastre el indicador hacia arriba, hasta llegar a "Settings".
3. Ahora arrastre el indicador hacia la derecha y después haga clic sobre "Control Panel".
4. En el "Control Panel" haga clic sobre "Modem".

Cuando elija "Modem", la siguiente ventana se abrirá. Desde ella es posible comunicarse directamente con el módem para comprobar que está funcionando bien.

Si ve un módem instalado en la lista, haga clic sobre "Diagnostics" para comprobar que el módem está funcionando bien.

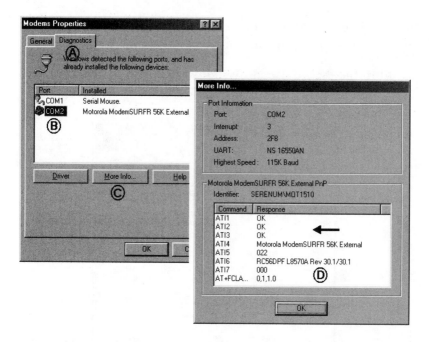

Mirando las dos gráficas anteriores, siga estos pasos para verificar si su módem tiene un problema:

Ⓐ Cuando vea la ventana de "Modem Properties", coloque el indicador a "Diagnostics" y haga clic una vez para seleccionarlo.

Ⓑ Ahora coloque el indicador sobre el módem instalado y haga clic una vez.

Ⓒ Finalmente, elija "More Info" para ver si el módem está funcionando bien.

Ⓓ Si en el siguiente recuadro ve muchos errores (estos aparecen como "Error"), esto quiere decir que el problema puede estar siendo causado por su módem.

Cómo evitar problemas con el servicio de llamadas en espera ("Call Waiting") y su módem

Si tiene el servicio de llamadas en espera ("Call Waiting") y cada vez que está usando un servicio en línea entra otra llamada le interrumpirá su sesión en línea. Desconecte entonces ese servicio temporalmente para proteger su sesión en línea.

Lo que sucede es que cuando está usando un módem y otra llamada trata de entrar al mismo tiempo, éste inmediatamente deja caer la sesión en línea. Esto en si no sería gran problema si no fuera que a veces el programa se congela y es necesario prender la computadora de nuevo.

Un consejo importante en este caso es averiguar con su compañía de teléfono cuál es el código que habilita y deshabilita esta función.

Para solucionar este problema:

- Desconecte permanentemente este tipo de servicio si está instalado en la mismas líneas de teléfono en las cuales está un módem en uso todo el tiempo. Esta operación tiene que ser realizada directamente por su compañía de teléfono.

- Añada un comando especial en su programa de comunicación en línea o en su proveedor de servicio al Internet; este comando por lo general es *70.

Cómo quitar un programa que no necesita usar más

Uno de los problemas más comunes que el usuario de una computadora personal puede encontrar es el de tener que quitar un programa que ya no necesita o que le está causando problemas. Algunas veces sería suficiente cambiar la versión del programa de su servicio en línea, pero usted no sabe cómo hacerlo.

Recuerde que quitar un programa sólo debe ser hecho por el dueño de la computadora que usa o por pedido del dueño. No remueva nunca un programa en una computadora que no le pertenece sin permiso previo del dueño.

Siga estos pasos para quitar una programa en Windows 95 o 98:

1. Primero haga clic sobre "Start".

2. Después arrastre el indicador hacia arriba, hasta llegar a "Settings".

3. Ahora arrastre el indicador hacia la derecha y después haga clic sobre "Control Panel".

4. En el Control Panel haga clic sobre "Add/Remove Programs".

Cuando vea el siguiente recuadro, busque el programa que desea quitar y haga clic sobre de él.

Recuerde que este proceso es difícil de hacer y si desea utilizar el mismo programa después, será necesario instalarlo de nuevo.

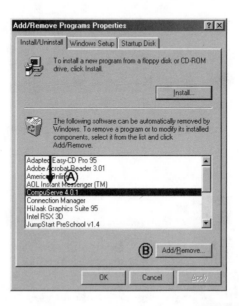

Siga los siguientes pasos, cuando vea el recuadro anterior, para quitar un programa en Windows Millennium Edition:

A Coloque el indicador sobre el programa que desea quitar de su sistema y haga clic una vez.

B Ahora coloque el indicador sobre "Remove" y haga clic una vez.

Ahora pulse la tecla ENTER cuando vea el siguiente recuadro, si todavía desea quitar el programa, para confirmar que usted desea que el programa sea removido de su sistema.

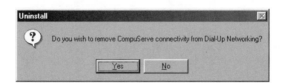

Si recibe este mensaje preguntándole si desea quitar la parte de marcar el teléfono de un servicio en línea, elija "No" colocando el indicador sobre esa palabra y haciendo clic una vez. Si no desea usar más el servicio en línea que está removiendo elija "Yes" para quitarlo.

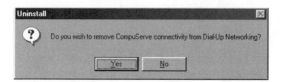

 El proceso de quitar el programa es definitivo, pues una vez que quite un programa éste no funcionará de nuevo (a menos que lo vuelva a instalar). También es importante recordar que una vez que remueva un programa como AOL, este proceso también borrará la configuración del programa. Eso incluye su nombre de usuario y su contraseña.

El siguiente recuadro es muy común si el programa que está tratando de quitar está compartiendo componentes con otros programas instalados en la computadora.

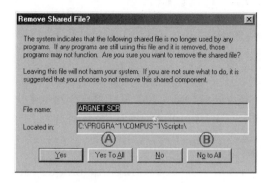

Ésta es la manera de trabajar con este recuadro:

Ⓐ Si sospecha que el programa que está removiendo en este momento le ha causando problemas, coloque el indicador sobre "Yes To All" (si a todo) y haga clic una vez.

Ⓑ Si no cree que este programa le está causando ningún conflicto con su computadora, coloque el indicador encima de "No To All" (no a todo) y haga clic una vez.

Finalmente, verá el siguiente recuadro. Este le indicará si el programa fue removido de su sistema completamente. Cuando esto suceda, pulse la tecla ENTER para cerrarlo.

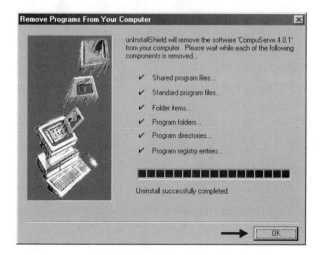

Cómo configurar una sesión PPP con su proveedor de servicio al Internet

La siguiente sección le mostrará claramente cómo configurar una sesión PPP con su proveedor de servicio al Internet. Este es un tipo de sesión que le permite acceso al Internet de manera mas rápida.

Éstas pueden ser las razones por las cuales usted puede necesitar las instrucciones de las páginas siguientes:

- Acaba de perder su disco duro debido a una descarga eléctrica.
- Accidentalmente borró la configuración que estaba usando para conectarse con su proveedor de servicio al Internet.

Para configurar una sesión de este tipo es necesario averiguar todos los parámetros de configuración que usted debe usar. Para hacer esto, llame a la compañía que le provee su servicio de Internet.

Para comenzar este proceso primero coloque el indicador a "My Computer" y haga clic dos veces. Cuando vea la siguiente gráfica, coloque el indicador encima de "Dial-Up Networking" y haga clic dos veces.

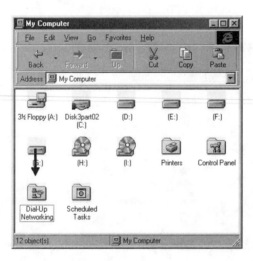

Una vez que tenga toda la información necesaria para crear una sesión PPP siga los pasos de la siguiente gráfica para configurar esta sesión.

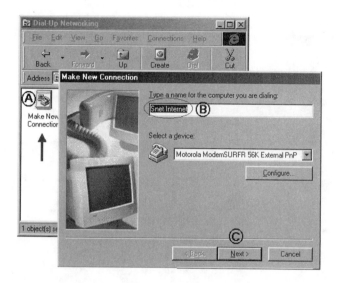

Siga los siguientes pasos para configurar una sesión PPP con su proveedor de servicio al Internet:

Ⓐ Primero coloque el indicador sobre "Make New Connection" y haga clic dos veces.

Ⓑ En esta casilla escriba el nombre de la sesión que desea crear; por ejemplo, si su ISP es Snet, escriba "Snet Internet".

Ⓒ Ahora haga clic sobre "Next".

En el siguiente recuadro escriba el número de teléfono local que su módem usará para conectarse con su proveedor de servicio al Internet. Este teléfono debe ser provisto por la misma compañía que le suministra su servicio al Internet.

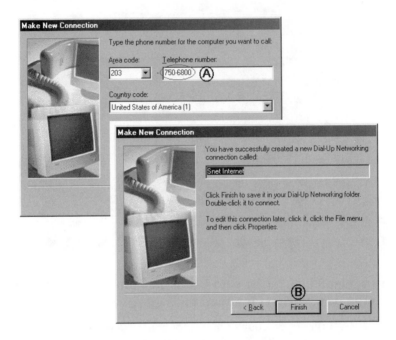

Mire la gráfica anterior para terminar la configuración de esta sesión PPP.

A Escriba en esta línea el número de teléfono que su módem usará para conectarse con su proveedor de servicio al Internet.

B Ahora coloque el indicador sobre "Finish" y haga clic una vez.

Ahora regrese a "Dial-Up Networking" y pulse el botón izquierdo dos veces. Luego coloque el ratón sobre el símbolo del nombre que usó para crear su conexión, en este caso "Snet Internet" y pulse el botón derecho. Después coloque el ratón hasta el final de esta lista y elija "Properties".

Las dos gráficas siguientes le mostrarán cómo terminar de configurar esta sesión PPP.

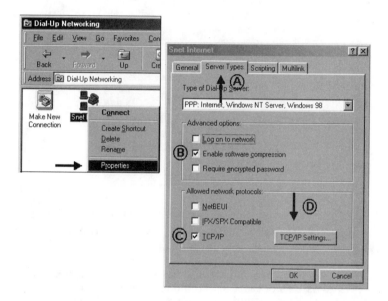

Mire la gráfica anterior y siga estos pasos para terminar de configurar esta sesión PPP.

Ⓐ Haga clic sobre "Server Types".

Ⓑ Ahora coloque el indicador sobre "Enable software compression" y haga clic una vez.

Ⓒ Cerciórese de que este cuadrado tenga un símbolo de chequear; si no lo tiene, coloque el indicador sobre él y haga clic una vez.

Ⓓ Finalmente, coloque el indicador sobre "TCP/IP Settings" y haga clic una vez.

Ahora en el siguiente recuadro use la información que recibió de su proveedor de servicio al Internet, o ISP, para terminar de configurar esta sesión PPP.

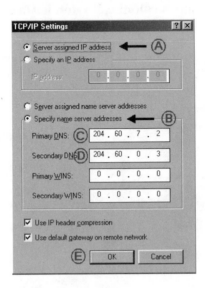

Mire la gráfica anterior y siga estos pasos para añadir los números de IP que necesita para conectarse a su proveedor de servicio al Internet:

A Primero haga clic sobre a "Server assigned IP", si éste es el caso. Si usted puede usar un IP estático, elija las segunda opción y escriba el IP que usará.

B Ahora coloque el indicador sobre "Specify name server address" y haga clic una vez.

C En esta casilla escriba las coordenadas de IP de su DNS primario.

D En esta casilla escriba las coordenadas de IP de su DNS secundario.

E Finalmente, coloque el indicador sobre "OK" y haga clic una vez para guardar esta configuración.

Ahora regrese a "Dial-Up Networking" para crear un atajo a este símbolo del programa que usará para conectarse a su proveedor de servicio al Internet.

La siguiente gráfica representa el recuadro de "Dial-Up Networking".

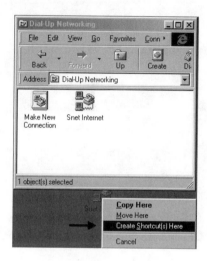

Pare crear un atajo a este símbolo de "Snet Internet", coloque el indicador encima del símbolo y pulse y sostenga el botón derecho del indicador mientras arrastra el símbolo hacia afuera de este recuadro. Cuando ya haya arrastrado el símbolo fuera del recuadro, es decir, a la parte del escritorio, o "Desktop", elija "Create Short-cut Here" para crear un atajo a este programa que podrá usar desde el "Desktop".

Ahora puede ver en la gráfica inferior cómo ya existe un símbolo en su escritorio, o "Desktop", que podrá usar cada vez que desee establecer una conexión al Internet usando su proveedor de servicio al Internet, o ISP.

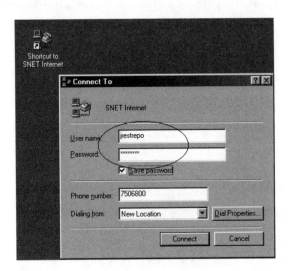

Mire la gráfica anterior y siga estos pasos para crear una conexión con su ISP:

A Primero coloque el indicador sobre "Shortcut to Snet Internet" y haga clic dos veces.

B En estas dos casillas, escriba en la primera su nombre de usuario y en la segunda su contraseña.

C Ahora coloque el indicador a "Connect" y haga clic una vez.

Los diferentes tipos de cuentas de correo electrónico

El correo electrónico ha evolucionado mucho desde sus inicios, cuando las computadoras ocupaban cuartos inmensos ("Mainframes") y los usuarios eran solamente científicos o altos funcionarios del gobierno en trabajos casi secretos.

Pero hoy en día casi todo el mundo puede utilizarlo y numerosos servicios en línea le permiten tener una cuenta de correo electrónico.

Los tipos de cuentas más comunes son:

Post Office Protocol (POP)

Este tipo de cuenta copia todos los mensajes dirigidos a usted que se encuentren en el servidor de correo de su computadora local.

POP3

Este tipo de servidor también descarga mensajes dirigidos a usted a su computadora local, así que si la conexión se pierde en este punto el usuario puede todavía leer sus mensajes.

IMAP

Este tipo de servidor sólo descarga el título de sus mensajes si se encuentran todavía en el servidor remoto.

SMTP

Con este nombre se conoce al servidor encargado de enviar sus mensajes a través del Internet.

En muchos casos el nombre de su POP3 o IMAP es el mismo que el SMTP.

Cómo configurar un buzón de correo POP3 en Outlook Express

Como usted pudo ver en algunas partes del capítulo siete, el programa Outlook Express es uno de los programas de correo que más popularidad está adquiriendo hoy en día.

En las páginas siguientes aprenderá cómo configurar una cuenta POP3, la cual es uno de los tipos de cuentas de preferencia entre los proveedores de servicio al Internet, como por ejemplo AT&T WorldNet.

Para configurar una cuenta de correo POP3 es necesario que averigüe la configuración que deberá usar con su proveedor de servicio al Internet. Una vez que tenga esta información puede proceder a crear esta cuenta en Outlook Express.

Mire la siguiente gráfica para comenzar el proceso de configurar un buzón de correo POP3.

Primero coloque el indicador al símbolo de Outlook Express y haga clic dos veces.

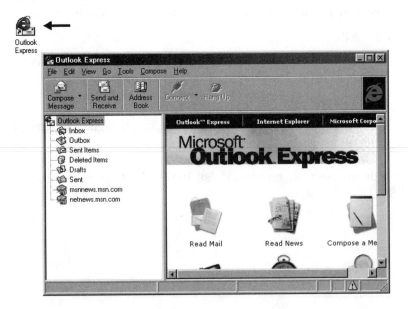

Cuando Outlook Express se abra, siga los pasos de las siguientes gráficas para comenzar a configurar un buzón de correo electrónico del tipo POP3.

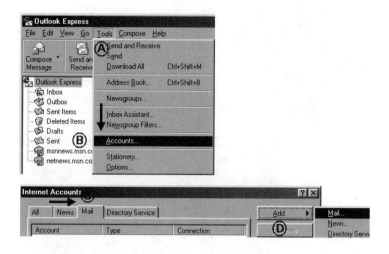

Mire la gráfica anterior y siga los siguientes pasos para configurar esta cuenta POP3:

A Primero coloque el indicador sobre "Tools" y haga clic una vez.

B Ahora coloque el indicador sobre "Accounts" y haga clic una vez.

C En el próximo recuadro coloque el indicador a "Mail" y haga clic una vez.

D Finalmente, coloque el indicador sobre "Add" y haga clic una vez; ahora coloque el indicador sobre "Mail" y haga clic una vez.

Ahora puede ver las dos siguientes gráficas. En ellas debe escribir su información personal de la manera indicada.

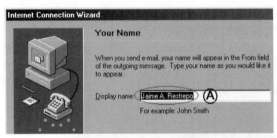

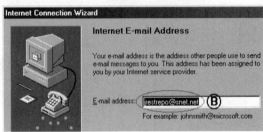

Mire la gráfica anterior y siga los siguientes pasos para llenar su información personal:

(A) En el primer recuadro escriba su nombre y después coloque el indicador sobre "Next" y haga clic una vez.

(B) En el próximo recuadro escriba su dirección electrónica; luego coloque el indicador sobre "Next" y haga clic una vez.

Ahora puede ver las siguientes gráficas. En éstas debe escribir la información que consiguió de su proveedor de servicio al Internet acerca de su cuenta de POP3.

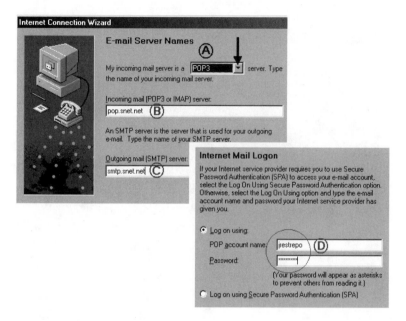

Mire la gráfica anterior y siga los siguientes pasos para llenar la información necesaria para usar su cuenta POP3 con Outlook Express:

Ⓐ Primero cerciórese de que en este recuadro diga "POP3"; de lo contrario coloque el indicador sobre el punto indicado por la flecha; haga clic una vez y seleccione "POP3".

Ⓑ En el primer recuadro coloque el indicador sobre esta casilla en blanco y haga clic una vez. Ahora escriba el nombre del servidor POP3 que recibe su correo; después coloque el indicador sobre "Next" y haga clic una vez.

Ⓒ En el próximo recuadro coloque el indicador sobre la casilla en blanco y haga clic una vez. Ahora escriba el nombre del servidor que se encarga de enviar su correo (este nombre por lo general empieza con "SMTP"). Coloque el indicador a "Next" y haga clic.

Ⓓ En la primera casilla de este recuadro, escriba el nombre de usuario que utiliza con su servicio al Internet y en la segunda su contraseña. Finalmente, coloque el indicador sobre "Next" y haga clic.

Ahora puede ver las dos siguientes gráficas. En la primera, debe escribir el nombre que describirá su correo electrónico y en la segunda, el tipo de conexión que usará para conectarse con su proveedor de servicio al Internet.

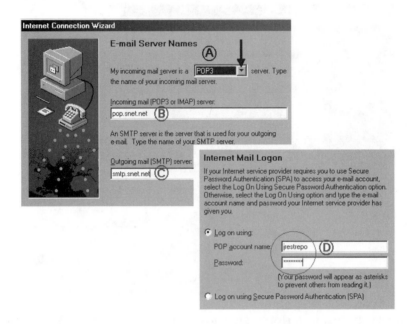

Mire la gráfica anterior y siga estos pasos para indicarle a Outlook Express cómo enviar y recibir el correo electrónico:

A En el primer recuadro coloque el indicador sobre esta casilla en blanco y haga clic una vez. Ahora escriba el nombre que describirá su buzón de correo electrónico en Outlook Express (en este ejemplo use "Correo Electrónico") y después coloque el indicador sobre "Next" y haga clic una vez.

B En el próximo recuadro coloque el indicador sobre "Connect using my phone line" y haga clic una vez. Si trabaja en una oficina y le es permitido usar Outlook Express, consulte con su administrador de red para conseguir la información que debe llenar aquí.

Finalmente, puede ver las dos siguientes gráficas. En la primera, debe escribir el nombre que usará para recibir su correo electrónico, y en la segunda, elija "Finish" para terminar de configurar este buzón de correo POP3.

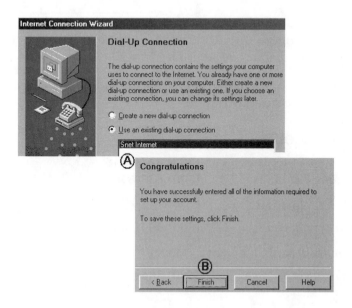

Ahora mire las dos gráficas anteriores y siga los siguientes pasos para terminar de configurar su buzón de correo POP3.

🅐 En el primer recuadro coloque el indicador sobre el nombre de la conexión que usará para enviar y recibir correo electrónico (en este caso "Snet Internet") y haga clic una vez.

🅑 En el próximo recuadro coloque el indicador sobre "Finish" y haga clic una vez. Ahora puede usar las instrucciones del Capítulo siete para enviar y recibir correo electrónico con esta cuenta POP3.

Números de teléfono de asistencia técnica de los servicios en línea más populares

Si necesita ayuda configurando su servicio de Internet o su servicio en línea, lo primero que debe hacer es tratar de ponerse en contacto con la compañía que le provee el servicio, o sea, su servidor.

Estos son los teléfonos de ayuda de los servicios en línea más populares en los Estados Unidos:

America Online

Asistencia técnica:	(800) 827-3338
Ventas y cuentas:	(800) 827-6364

AT&T WorldNet

Asistencia técnica:	(800) 400-1447

The Microsoft Network (MSN)

Asistencia técnica:	(800) 386-5550

Para recordar

- Los problemas más comunes que puede encontrar usando un módem son: El módem deja de funcionar; la línea está ocupada.

- Si encuentra un problema, trate de compilar el mayor número de información acerca de éste y evite borrar programas o cambiar hardware antes de averiguar cuál es la causa del problema que está teniendo con su computadora.

- Los puertos seriales son las interfaces en las cuales se conectan los módem de tipo externo.

- Si cambia algún recurso de su computadora, puede dejar de funcionar bien.

- Desconecte su servicio de llamadas en espera ("Call Waiting") si tiene muchos problemas cuando alguién lo está tratando de llamar mientras está conectado al Internet.

- Una vez que remueva un programa como AOL, también borrará la configuración del programa.

Direcciones virtuales

Direcciones virtuales de servidores Web de interés en Latinoamérica

La siguiente lista se incluye como una referencia para que usted pueda empezar a beneficiare de este medio inmediatamente.

Si por alguna razón usted necesita información acerca de un servidor Web que no está en esta lista, acuda a los motores de búsqueda. Estas herramientas son excelentes para buscar cualquier tipo de información.

Por último experimente con este medio. Fíjese en la estructura de los enlaces en esta lista, y note que la mayoría están escritos en una forma lógica. La primera parte casi siempre es "www", que significa que el enlace usa el Web. La segunda parte del enlace es el nombre del enlace, que casi siempre contiene el nombre de la compañía o de la institución sobre la cual quiere información. Por último note que este nombre está seguido de un punto y una "extensión" de tres letras. Esta es casi siempre ".com", que simplemente indica que está comunicándose con una entidad netamente comercial (Las otras extensiones son: .org, entidad o organización sin ánimo de lucro; ".edu", universidad o colegio; ".mil" entidad militar; ".gov", entidad gubernamental en los EE.UU.)

Páginas de interés general

Motores de búsqueda en español

Netscape:
http://home.netscape.com/es/escapes/search/ntsrchrnd-2.html
Yahoo:
http://espanol.yahoo.com/
Infoseek:
http://www.infoseek.com/Home?pg=Home.html&sv=ES
Google:
http://www.google.com/intl/es/

Medios de comunicación

Periódicos
Guía Completa de todos los periódicos del Mundo:
http://www.intercom.com.au/intercom/newsprs/

Radio
Estaciones de radio del mundo:
http://www.web-radio.com/

Misceláneos
Turismo
La Puerta del Mundo Hispano:
http://www4.gu.edu.au/arts/spanish/puerta.htm

ARGENTINA

Economía y negocios

Mercosur: *http://www.mercosur.org/*
Páginas Amarillas de Mercosur Argentina, Brasil, Paraguay y
Uruguay: *http://www.amarillas.com/*

Instituciones académicas

Universidad de Buenos Aires: *http://www.uba.ar*
Universidad Nacional de La Plata: *http://www.unlp.edu.ar/*

Gobierno

Ministerio de Cultura y Educación: *http://www.mcye.gov.ar/*
Presidencia de la República: *http://www.presidencia.ar/*

Medios de comunicación

Periódicos
Agencia de Noticias del Mercosur: http://www.mercosur.com/
Ambito Financiero: http://www.ambitofinanciero.com/
Buenos Aires Herald: http://www.buenosairesherald.com/
Clarín: http://www.clarin.com/
El Cronista: http://www.cronista.com.ar/
El Litoral Santa Fe: http://www.litoral.com.ar/
La Nación: http://www.lanacion.com/
El Tribuno: http://www.salnet.com.ar/tribuno/

BOLIVIA

Economía y negocios
Bolsa Boliviana de Valores: *http://bolsa-valores-bolivia.com*
Nueva Economía: *http://www.nueva-economia.com/*
Empresas Bolivianas en el Internet:
http://www.bolivianet.com/empresas/empr_bol.html

Gobierno
Banco Central de Bolivia: *http://www.bcb.gov.bo/*
Congreso de Bolivia: *http://www.congreso.gov.bo/*

Medios de comunicación

Periódicos
El diario: http://www.eldiario.net/
Nueva economía: http://www.elmundo.es/nuevaeconomia/

CHILE

Economía y negocios
Bolsa de Comercio de Santiago: *http://www.bolsantiago.cl/*

Instituciones académicas

CONICYT: *http://www.conicyt.cl*
Pontificia Universidad Católica de Chile: *http://www.puc.cl/*
Universidad de Chile: *http://www.uchile.cl/*

Gobierno

Congreso Nacional de la República: *http://www.congreso.cl/*
Instituto Nacional de la Juventud: *http://www.inj.cl/*
Servidor de la Presidencia de Chile: *http://www.presidencia.cl/*

Medios de comunicación

Periódicos

COPESA periódico electrónico: *http://www.copesa.cl/*
Diario La Tercera: *http://www.tercera.cl/*
Infoweek Periódico Especializado en Computación, Comunicaciones y Redes: *http://www.infoweek.cl/*
El Mercurio: *http://www.mercurio.cl/*
Diario Oficial de la República de Chile: http://www.anfitrion.cl/

Revistas

¿Qué Pasa?, revista informativa: *http://www.quepasa.cl/*

COLOMBIA

Economía y negocios

LatinEXPO: *http://www.latinexpo.com*
Empresa Colombiana de Petróleos ECOPETROL: *http://www.ecopetrol.com.co*

Instituciones académicas

Universidad del Valle Home Page: *http://www.univalle.edu.co/*
Universidad de Antioqua: *http://www.udea.edu.co/*
Universidad EAFIT: *http://www.eafit.edu.co/*
Universidad Nacional: *http://www.usc.unal.edu.co/*
Universidad Pontificia Bolivariana: *http://www.upb.edu.co/*
Universidad del Rosario: *http://www.urosario.edu.co/*

Gobierno

República de Colombia, Presidencia: *http://www.presidencia.gov.co/*

Medios de comunicación

Periódicos
El Tiempo: *http://www.eltiempo.com/*
El Espectador: *http://www.elespectador.com/*
El Mundo: *http://www.elmundo.com/*
El País: *http://www.elpais-cali.com/*
Red Continental de Noticias RCN: *http://www.rcn.com.co/*

Revistas
Revista Semana: *http://www.semana.com.co/*

Radio
Caracol: *http://www.caracol.com.co/*
Colombiana de Televisión: *http://www.coltevision.com/*
Radioactiva: *http://www.radioactiva.com/*

COSTA RICA

Economía y negocios

Actualidad Económica: *http://www.actualidad.co.cr/*

Gobierno

Gobierno de Costa Rica: *http://www.casapres.go.cr/*

Medios de comunicación

Periódicos
La Nación Digital: *http://www.nacion.co.cr/*
La Prensa Libre: *http://www.prensalibre.co.cr/*
Semanario Universidad:
http://cariari.ucr.ac.cr/~semana/univ.html
The Tico Times Online: *http://www.ticotimes.net*

Revistas
Revista Reflexiones Facultad de Ciencias Sociales, UCR:
http://cariari.ucr.ac.cr/~reflexio/reflexio.html

ECUADOR

Economía y negocios

Banco Central del Ecuador: *http://www.bce.fin.ec/*

Instituciones académicas

Universidad Tecnológica Equinoccial UTE: *http://ute.edu.ec/*

Gobierno

Ministerio de Relaciones Exteriores: *http://www.mmrree.gov.ec/*

Medios de comunicación

Periódicos

El Comercio: *http://www.elcomercio.com/*
Diario Extra: *http://www.diario-extra.com/*
Diario Hoy: *http://www3.hoy.com.ec/*
El Expreso Guayaquil: *http://www.diario-expreso.com/*
Diario LA HORA Quito: *http://www2.lahora.com.ec/*
El Telégrafo: *http://www.telegrafo.com.ec/*
El Universo: *http://www.eluniverso.com/*

EL SALVADOR

Instituciones académicas

Instituto Universitario de Opinión Pública IUDOP–UCA:
http://www.uca.edu.sv/publica/iudop/principal.htm
Universidad de El Salvador UES: *http://www.ues.edu.sv/*
Universidad Tecnológica de El Salvador: *http://www.utec.edu.sv/*

Gobierno

República de El Salvador: *http://www.sv/*
Banco Central: *http://www.bcr.gob.sv/*
Consejo Nacional de Ciencia y Tecnología CONACYT:
http://www.conacyt.gob.sv/
Ministerio de Hacienda: *http://www.mh.gob.sv/*
Presidencia de la República: *http://www.casapres.gob.sv/*

Medios de comunicación

Periódicos
Diario CoLatino: *http://www.colatino.com/*
El Diario de Hoy: *http://www.elsalvador.com/*
El Noticiero Canal 6: *http://www.elnoticiero.com.sv/*

Revistas
El Salvador Magazine: *http://www.elsalvador-magazine.com/*
El Salvador USA Revista: *http://www.elsalvadorusa.com/*

Radio
Radio Qué Buena: *http://www.quebuena.com/*

ESTADOS UNIDOS

Economía y negocios
Ameritech: *http://www.ameritech.com/*
American Airlines: *http://www.amrcorp.com*
Apple Computer: *http://www.apple.com/*
AT&T: *http://www.att.com/*
Bank of America: *http://www.bofa.com/*
Boeing: *http://www.boeing.com/*
Coca-Cola: *http://www.coke.com*
Compaq Computer: *http://www.compaq.com*
Dell Computer: *http://www.dell.com*
EDS: *http://www.eds.com/*
Eli Lilly: *http://www.lilly.com/*
Federal Express: *http://www.fedex.com/*
Ford: *http://www.ford.com/*
General Electric: *http://www.ge.com*
General Motors: *http://www.gm.com*
Hewlett-Packard: *http://www.hp.com/*
Honda: *http://www.honda.com*
IBM: *http://www.ibm.com/*
Pacific Bell: *http://www.pacbell.com/*
Rockwell: *http://www.rockwell.com/*
Texas Instruments: *http://www.ti.com/*
Xerox: *http://www.xerox.com/*

Instituciones académicas

Center for Latin American Studies, Georgetown University: *http://sfswww.georgetown.edu/sfs/programs/clas/home.html*

Center for US-Mexican Studies: *http://weber.ucsd.edu/Depts/USMex/welcome.htm*

Duke-UNC Program in Latin American Studies: *http://www.duke.edu/web/las/duke-unc.html*

Institute of Latin American and Iberian Studies, Columbia University: *http://www.columbia.edu/cu/ilais/*

LASPAU: *http://www.laspau.harvard.edu/*

Latin American and Iberian Studies Program, University of Wisconsin–Madison: *http://polyglot.lss.wisc.edu/laisp/*

University of California, Berkeley: *http://socrates.berkeley.edu:7001/*

Gobierno

La Casa Blanca: *http://www.whitehouse.gov/*

Departamento de Agricultura: *http://www.usda.gov/*

Departamento de Comercio: *http://www.doc.gov/*

Departamento de Defensa: *http://www.defenselink.mil/*

Departamento de Educación: *http://www.ed.gov/*

Departamento de Energia: *http://www.doe.gov/*

Departamento de Salud y Recursos Humanos: *http://www.os.dhhs.gov/*

Departamento de Vivienda y Desarollo Urbano: *http://www.hud.gov/*

Departamento de Justica: *http://www.usdoj.gov/*

Departamento de Trabajo: *http://www.dol.gov/*

Departamento de Estado: *http://www.state.gov/*

Departamento de Transporte: *http://www.dot.gov/*

Tesorería de los Estados Unidos: *http://www.ustreas.gov/*

Departamento de Asuntos de Veteranos: *http://www.va.gov/*

Controlaría General: *http://www.gao.gov*

Medios de comunicación

Periódicos

El Diario las Americas: *http://www.diariolasamericas.com/*

El Nuevo Herald: *http://www.elherald.com/*

El Sol de Texas: *http://www.elsoldetexas.com/*

Noticias
CNN en español: *http://www.cnnenespanol.com*
Univision: *http://www.univision.net/*
RedNet Noticias: *http://www.rednetnews.com/*

Revistas
Hispanic Magazine: *http://www.hisp.com*
Latina Magazine: *http://www.latina.com*

GUATEMALA

Economía y negocios

Fundación para el Desarrollo de Guatemala FUNDESA:
http://www.gnofn.org/~fundesa/

Instituciones académicas

Universidad Del Valle de Guatemala: *http://www.uvg.edu.gt*
Universidad Francisco Marroquín: *http://www.ufm.edu.gt*

Gobierno

Páginas del Gobierno de Guatemala:
http://mars.cropsoil.uga.edu/trop-ag/gov.htm
Álvaro Arzu, Presidencia: *http://www.guate.net/arzu/*

Medios de comunicación

Periódicos
Siglo XXI Corporación de Noticias: *http://www.sigloxxi.com*
La Hora: *http://www.lahora.com.gt/*
Prensa Libre: *http://www.prensalibre.com/*

Radio
Emisoras Unidas Real Audio:
http://www.centramerica.com/emisorasunidas/

HONDURAS

Economía y negocios

Cámara de Comercio e Industria de Cortes:
http://www.intertel.hn/business/ccic/default.htm

Instituciones académicas

Universidad Nacional Autónoma de Honduras UNAH:
http://www.unah.hondunet.net/

Medios de comunicación

Periódicos

Diario Tiempo: *http://www.tiempo.hn/*
Honduras This Week: *http://www.marrder.com/htw/*
La Prensa: *http://www.laprensahn.com/*
La Tribuna: *http://www.latribuna.hn/*

MÉXICO

Economía y negocios

Banco de Información Económica INEGI:
http://dgcnesyp.inegi.gob.mx/bie.html-ssi
Banamex: *http://www.banamex.com*
Información Económica Oficial: *http://www.shcp.gob.mx/*

Instituciones académicas

Lista de Universidades en el Web:
http://mexico.web.com.mx/funiversidades.html

Gobierno

Gobierno de México: *http://www.presidencia.gob.mx/*

Medios de comunicación

Periódicos

El Economista: *http://www.economista.com.mx*
La Jornada: *http://serpiente.dgsca.unam.mx/jornada/*
El Financiero: *http://www.elfinanciero.com.mx/*

NOTIMEX Agencia Mexicana de Noticias: *http://www.notimex.com*
Reforma: *http://www.reforma.com*
La Voz de Michaocán: *http://www.voznet.com.mx/*

Revistas
Magazines Page of Mexico Index:
http://www.trace-sc.com/cgi-bin/mxndx?magazine
Media: *http://www.planet.com.mx/media/*
Razón y Palabra ITESM:
http://www.cem.itesm.mx/dacs/publicaciones/logos/
Siempre: *http://www.m3w3.com.mx/SIEMPRE/*

Radio
Estaciones de Radio de México:
http://www.web-radio.com/in_m.html

NICARAGUA

Economía y negocios

Banco Central de Nicaragua: *http://www.bcn.gob.ni*
Empresa Nicaragüense de Telecomunicaciones:
http://www.enitel.gob.ni/

Instituciones académicas

Instituto Nacional Tecnológico INATEC: *http://www.inatec.edu.ni/*
Universidad Autónoma Americana: *http://www.uam.edu.ni*
Universidad Católica: *http://www.unica.edu.ni/*
Universidad Nacional Autónoma de Nicaragua UNAN–León:
http://www.unanleon.edu.ni/
Universidad Nacional de Ingeniería UNI: *http://www.uni.edu.ni/*

Gobierno

Asamblea Nacional de Nicaragua: *http://www.asamblea.gob.ni/*

Medios de comunicación

Periódicos
Ciberdiario de Nicaragua: *http://www.ciberdiario.com.ni/*
La Prensa: *http://www.laprensa.com.ni/*

PANAMÁ

Economía y negocios

Sifonet: *http://pa.inter.net/esp/default.asp*

Instituciones académicas

Universidad Latina: *http://www.ulat.ac.pa/*
Universidad de Panamá: *http://www.up.ac.pa/*
Universidad Santa María La Antigua USMA:
http://www.usma.ac.pa/
Universidad Tecnológica de Panamá: *http://www.utp.ac.pa/*

Gobierno

Alcaldía de Panamá: *http://www.sinfo.net/alcaldia/*
Tribunal Electoral de Panamá: *http://www.tribunal-electoral.gob.pa/*

Medios de comunicación

Periódicos
El Panamá América:
http://www.epasa.com/El_Panama_America/today/index.html
La Prensa: *http://www.sinfo.net/prensa/*
El Siglo: *http://www.elsiglo.com/*
Red Académica y de Investigación Nacional PANNet:
http://www.pannet.pa/

PARAGUAY

Instituciones académicas

Universidad Nacional de Asunción: *http://www.una.py/*

Gobierno

Presidencia de la República: *http://www.presidencia.gov.py/*

Medios de comunicación

Periódicos
Diario ABC Color: *http://www.una.py/sitios/abc/*
Ultima Hora: *http://www.ultimahora.com.py/*

PUERTO RICO

Economía y negocios

Asociación de Bancos de Puerto Rico: *http://www.abpr.com/*
Asociación de Industriales Manufacturers Association:
http://prma.com/
Cámara de Comercio: *http://camarapr.coqui.net/*

Instituciones académicas

Colegio de Arquitectos: *http://home.coqui.net/capr/*
Universidad de Puerto Rico, Río Piedras: *http://www.upr.clu.edu/*
Universidad del Sagrado Corazón: *http://www.usc.clu.edu/*

Gobierno

Administración de Servicios Médicos de Puerto Rico:
http://www.asempr.org/
Departamento de Transportación y Obras Públicas de Puerto
Rico: *http://www.dtop.gov.pr/*

Medios de comunicación

Periódicos

A Propósito Online Artes y literatura:
http://ponce.inter.edu/vl/revistas/a_proposito/apro.htm
Noticentro On-Line: *http://www.televicentropr.com/*
El Nuevo Día Diario de San Juan: *http://www.elnuevodia.com/*
El Periódico De Lajas en en suroeste: *http://netdial.caribe.net/~printery/*

Revistas

Puerto Rico Online Magazine: *http://www.prmag.com/*

URUGUAY

Economía y negocios

Banco de Prevision Social: *http://www.bps.gub.uy/*
Negocios en Uruguay: *http://www.negocios.com.uy/*

Instituciones académicas

Universidad Católica de Uruguay: *http://ucudal2.edu.uy/*
Universidad de la República Oriental del Uruguay:
Instituto de Física—Facultad de Ciencias:
http://www.fisica.edu.uy/
Facultad de Ingenieria: *http://www.fing.edu.uy/*
Facultad de Quimica: *http://bilbo.edu.uy/*

Gobierno

Ministerio de Relaciones Exteriores: *http://www.mrree.gub.uy/*
Ministerio de Transporte y Obras Públicas:
http://www.uyweb.com.uy/construnet/mtop/
Poder Legislativo: *http://www.parlamento.gub.uy/*

Medios de comunicación

Periódicos
El País: *http://www.diarioelpais.com/*
El Observador: *http://www.observador.com.uy*

Revistas
Posdata: *http://www.posdata.com.uy/edicion/*

Radio
Radio Montecarlo: *http://netgate.comintur.com.uy/cx20/*

VENEZUELA

Economía y negocios

Bolsa de Valores de Caracas: *http://www.caracasstock.com/*
Banco Central de Venezuela: *http://www.bcv.org.ve/*

Instituciones académicas

Universidad Simon Bolívar (USB): *http://www.usb.ve/*

Gobierno

Congreso de La República de Venezuela:
http://www.internet.ve/sail/sv/homecongreso.html

Medios de comunicación

Periódicos
El Universal: *http://www.el-universal.com/*

Revistas
2001: *http://www.2001.com.ve/*
Venezuela Analítica: *http://www.analitica.com/*

Glosario

A

Anchura de banda Se denomina así a la cantidad de datos que es posible enviar a través de una conexión antes de que el conducto se sature. Generalmente se mide en bits por segundo (bps). Un módem rápido es capaz de transmitir 30 mil bits por segundo antes de saturarse.

Archivo de comandos o lenguaje de archivos de comandos Una forma abreviada de programación que proporciona a los usuarios no técnicos una forma de crear contenido más rico y que ofrece a los programadores una manera rápida de crear aplicaciones simples.

ARPAnet ARPA es el acrónimo para Advanced Research Project Agency (Agencia de Proyectos de Investigación Avanzada) del Departamento de Defensa de los Estados Unidos, pionera en el desarrollo de los primeros equipos que vinculaban redes a través de grandes distancias. ARPAnet es la antecesora del Internet.

Asistente Ayuda integrada a su equipo que lo guía a través de los pasos necesarios para completar una tarea.

Audio desde el disco Se dice de los archivos de sonido capturados en tiempo real en determinado archivo de audio transmitidos a través del Internet en tiempo real. Un complemento de un explorador de Web descomprime y reproduce los datos a medida que se transfieren a su equipo a través del Web. El audio o vídeo reproducidos desde el disco eliminan el retraso que resulta de la transferencia de un archivo completo y su posterior reproducción con una aplicación accesoria.

Autenticación Se dice de la tecnología que garantiza el origen de una transmisión electrónica. Es igual a una firma o patente electrónica.

B

Baudio Unidad de medida para la velocidad a la que un módem u otro dispositivo es capaz de transmitir datos, medida técnicamente por número de eventos o cambios de señal por segundo. (No debe confundirse con la cantidad de bits por segundo.)

C

Cadena Se dice del conjunto de caracteres alfanuméricos introducidos para cálculos y búsquedas.

Carga El procedimiento de transferir un archivo desde un equipo local a uno remoto mediante un módem o una red.

CERN Siglas para denominar el laboratorio europeo de física de partículas, de Ginebra, Suiza, donde, en la década de los '80, un grupo de ingenieros visionarios, bajo la dirección de Timothy Berners-Lee, desarrolló la tecnología Web.

CGI La abreviatura para el interfaz común de puerta de enlace, o "gateway". Es "software" que facilitá la comunicación entre un servidor Web y los programas que funcionan fuera del servidor, como por ejemplo los programas que procesan formularios interactivos, o los que buscan en las bases de datos del servidor la información requerida por el usuario.

Chat Programa de "software" para red, que permite a varios usuarios mantener "charlas" (chats) en tiempo real, mientras los demás escriben los mensajes en sus equipos y los envían a través de una red local o de Internet. Algunos de los nuevos programas Chat, como PowWow, permiten conversaciones de voz e intercambios de archivos en diferentes

medios (ej.: fotografías y archivos gráficos).

Ciber Prefijo que denomina todas las acciones relacionadas con los equipos o con el Internet. Por ejemplo, las cafeterías dotadas de computadoras para que sus clientes puedan navegar en Internet se denominan en algunas partes "cibercafés".

Ciberespacio Define todo el universo virtual de información transmitida por medio de equipos, programas de audio, video, teléfono, televisión, cable y satélite. Este término fue acuñado por William Gibson, escritor de ciencia ficción, quien lo definió como "una representación de datos sustraídos de los bancos de memoria de todos los equipos de un sistema humano".

Clientes Nombre genérico para los programas de software que permiten acceso a la red al trabajar con la información de un servidor. Un ejemplo de un cliente es un explorador como Microsoft Internet Explorer.

Complemento Se dice del complemento de un software o un módulo que expande la capacidad de una aplicación, generalmente para permitir la lectura o la presentación de archivos de un tipo específico. En el caso de los exploradores de Web, los complementos permiten la presentación de contenido especial como audio, vídeo y animación.

Consorcio W3 Consorcio de la industria encabezado por el Laboratory for Computer Science del Massachusetts Institute of Technology de Cambridge, Massachusetts. (W3 define las 3Ws: World Wide Web, o red de alcance mundial.) El consorcio promueve estándares y promueve la interoperabilidad de los productos en el World Wide Web. Por el hecho de tener su sede en Ginebra, Suiza, en el Laboratorio Europeo de Física de Partículas (CERN), donde se desarrolló inicialmente esta tecnología, el consorcio ha tenido cierto éxito en su propósito de fomentar la cooperación de las tecnologías Web entre las corporaciones privadas, reacias por naturaleza a compartir sus secretos.

Contenido El total de texto, imágenes, sonido, datos y otro tipo de información que se presenta en un sitio de el Web.

Cookie Se denomina así un archivo almacenado en el disco duro que se utiliza para identificar su equipo o sus preferencias ante un equipo remoto. Los "Cookies" se utilizan frecuentemente para identificar visitantes a los sitios del Web.

Copia de seguridad, o "Backup". Copia de "software" de aplicación instalado o de los archivos de datos creados por los usuarios.

Correo electrónico Es el sistema para enviar y recibir mensajes de uno a otro equipo a través de una red. Dos de las aplicaciones más populares de correo electrónico son Microsoft Exchange y Eudora.

D

Descarga Proceso de solicitar y transferir un archivo desde un equipo remoto a uno local, generalmente a través de un módem o una red, para guardarlo en el archivo local.

Dirección IP Se dice de la dirección de protocolo Internet de un equipo conectado a la red. Se representa generalmente por medio de una notación con puntos o comas, como l2.235.4.54

Dirección URL Sigla del localizador uniforme de recursos. Es la dirección que especifica la ubicación electrónica de un recurso (un archivo) de Internet. Una dirección URL tiene generalmente cuatro partes: protocolo, servidor (o dominio), ruta de acceso y nombre de archivo, aunque a veces no habrá una ruta de acceso ni un nombre de archivo.

Documento adjunto Un archivo binario (como un programa o un documento comprimido) que se envía adjunto a un mensaje por intermedio del correo electrónico.

E

Encriptación Es el proceso utilizado para desfigurar la información que se transmite. La encriptación protege los datos contra observadores indeseados y está disponible en dos formas: "software" de encriptación que es muy utilizado y fácil de instalar y microchip de encriptación, el cual es más difícil de instalar, pero más rápido y más difícil de descifrar.

En línea Estar conectado al Internet.

Explorador Un programa de "software" de cliente utilizado generalmente para buscar en las redes, lo mismo que para recuperar y mostrar copias de archivos en un formato fácil de leer. Los exploradores estándar de uso en la actualidad pueden funcionar sobre programas asociados para reproducir archivos de audio y vídeo. Microsoft Internet Explorer es un ejemplo de un explorador ampliamente utilizado.

Explorar Argot o término que quiere decir: "explorar Internet" (o navegar). Frecuentemente se usa para explorar sin propósito definido, en lugar de buscar un contenido específico.

Exponer El hecho de enviar un mensaje a una publicación o a una comunidad en línea.

F

FAQ Abreviatura de la lista de preguntas y respuestas más usadas, publicadas en línea para dar respuesta a las dudas que un usuario pueda tener acerca de determinado programa o tecnología. Se recomienda leer la lista de FAQ antes de recuperar o de enviar un mensaje de correo electrónico, pues es muy posible que en su propio equipo y en el momento en que se presenta la duda el usuario encuentre la respuesta que necesita, sin buscar ayuda técnica.

Favorito Página o dirección a la que un usuario desea regresar con frecuencia, como un juego, un periódico, una universidad. Microsoft Internet Explorer contiene una característica denominada "buscar favoritos" para organizar y guardar

los sitios de la red (Web) que el usuario acostumbra visitar regularmente.

Freeware Software con "copyright" (derechos de autor), que el autor distribuye de manera gratuita y que se encuentran disponibles en el Internet. No confundir con "shareware".

FTP Abreviatura de protocolo de transferencia de archivos. Un protocolo de Internet que le permite al usuario transferir archivos hacia y desde otros equipos.

Fuera de línea Desconectado de Internet.

G

GIF Sigla para denominar el formato de intercambio de gráficos; formato de archivo gráfico apropiado para uso frecuente en documentos del World Wide Web.

GB o "gigabyte", la unidad de medida de la capacidad de un archivo electrónico equivalente a mil millones de bytes, aproximadamente.

Grupos de noticias Grupos o foros de usuarios de Usenet para compartir información, ideas, sugerencias y opiniones sobre un tema específico. Los grupos de noticias cubren una gama de temas tan extensos que se pueden contar en miles.

H

H:D:D: Siglas de unidad de disco duro que se usan con frecuencia en publicidad.

HTTP Abreviatura para el protocolo de transferencia de hipertexto, o sea, el protocolo en el cual se basa la tecnología del World Wide Web. HTTP define el conjunto de reglas que gobiernan el "software" que transporta los documentos HTTP a través del Internet.

I

Inalámbrico Cualquiera de las clases de comunicaciones a distancia que se efectúan sin cable, incluidas las comunicaciones por infrarrojos, celulares y vía satélite.

Internet Se llama así a una gran red de equipos compuesta de multitud de redes más pequeñas. Cuando este término está escrito en mayúscula se refiere a la red física que compone el Web y que hace posible el correo electrónico.

Intranet Red privada dentro de una determinada organización. Utiliza protocolos de Internet para la transferencia de contenidos, aunque frecuentemente está protegida contra el acceso desde Internet mediante servidores de seguridad.

ISP Abreviatura para denominar el proveedor de servicios de Internet, un servicio que proporciona el acceso al Internet a organizaciones y usuarios individuales mediante servidores ISP.

J

Java™ Un lenguaje particular de programación orientado a objetos; desarrollado por Microsystems, se utiliza para crear subprogramas, o

programas que se pueden distribuir como adjuntos a documentos de el Web. Es posible incluir un subprograma en una página HTML de la misma forma que se incluye una imagen. Cuando se usa un explorador que admita Java™, para ver una página que contiene un subprograma Java, el código del programa se transfiere al sistema y es ejecutado por el explorador.

JPG o JPEG Abreviatura para denominar un grupo de expertos en fotografía. Un tipo de formato de archivo gráfico apropiado para su uso en documentos de el Web.

L

LAN Sigla para una red de área local, la cual conecta dos o más equipos instalados dentro de un espacio relativamente pequeño, generalmente dentro de la sede de una organización, con el objeto de comunicarlos entre sí y compartir archivos.

Listserver Conjunto de programas utilizados para administrar listas de correo mediante la distribución, la inclusión y la eliminación automática de los mensajes enviados a la lista.

M

Marcador El procedimiento que permite a un usuario guardar un sitio en la Web para regresar fácilmente a él. El acceso a un marcador conecta al usuario directamente al sitio deseado, sin los problemas de la ruta de conexión normal. Una colección de marcadores se denomina lista de marcadores.

MB o "megabyte", unidad de medida del tamaño de un archivo electrónico equivalente a un millón de bytes, aproximadamente.

Módem Sigla de modulador/ demodulador, dispositivo de hardware que conecta varios equipos entre sí o con el Internet a través de redes telefónicas estándar o a través de una línea LSDN (RDS). El módem puede ser interno, externo o incorporado a un equipo. Un módem externo es una cajita con cables de conexión entre el equipo y el teléfono. Los módem tienen diversas categorías según la velocidad con que envían sus datos, que se mide en baudios (q.v.). Los módem estándar actuales funcionan a 28800 o 33600 baudios, aunque ya hay nuevos módem de aproximadamente 56000 baudios.

Monitor de audio Cualquier altavoz, pero en particular uno montado en un módem que permite escuchar lo que ocurre en la línea telefónica.

Motor de búsqueda Una aplicación de "software" o un servicio utilizado para buscar archivos en una intranet o en el Web. Normalmente se tiene acceso a él con exploradores como Microsoft Internet Explorer. Entre los motores de búsqueda más comunes se incluyen Excite, Yahoo!, WebCrawler, Infoseek y Lycos, pero constantemente están saliendo al mercado nuevos modelos.

Multimedia Término utilizado para denominar cualquier contenido que combine texto, sonido, gráficos y vídeo.

N

NCSA Sigla que significa National Center for Supercomputing Applications, de la Universidad de Illinois en Urbana-Champaign. Instituto de investigación avanzada cuyos científicos e ingenieros crearon gran parte de la tecnología básica del World Wide Web. NCSA desarrolló el primer explorador con capacidad para mostrar gráficos, llamado Mosaic.

Net Significa red. Cuando ese término aparece en mayúsculas se refiere al Internet.

Netiquette Palabra combinada de Net y "etiquette" (red y etiqueta). Se llama así a un código de normas para preservar las buenas maneras y la eficiencia en el uso de Internet.

Nombre de dominio Significa el nombre de un equipo o grupo de equipos básicos de Internet utilizados para identificar la ubicación electrónica o geográfica del equipo transmisor de datos. El nombre de dominio contiene el nombre de una organización o de un país, incorporados por medio de un sufijo a la dirección del correo electrónico. Microsoft.com, por ejemplo, se compone del nombre de la organización (Microsoft) y un sufijo (.com), que denota empresa comercial. Otros sufijos utilizados en Estados Unidos son .gov (gobierno), .edu (institución educativa) .org (organización, generalmente sin fines de lucro) y .net (genérico de red con o sin fines comerciales). Fuera de los Estados Unidos se utilizan sufijos de dos letras para identificar un país extranjero: .uk (Reino Unido), .jp (Japón), .co (Colombia), .pe (Perú).

P

Página Patrón individual de contenido del World Wide Web, definido mediante un archivo único HTML al que se hace referencia mediante una única dirección URL.

Página Principal Así se designa la página principal de un sitio Web. Las Páginas Principales contienen generalmente vínculos a ubicaciones adicionales dentro o fuera del sitio. Según el tamaño de un sitio Web, es posible que existan múltiples Páginas Principales en el mismo sitio.

Plataforma Conjunto del "hardware" y "software" que sirven de base para el sistema de cada equipo.

PPP Sigla de "protocolo punto a punto". La configuración necesaria para conectar dos equipos mediante una línea telefónica o un cable de red que actúa a modo de línea telefónica.

Protocolo El sistema de reglas o estándares necesarios para comunicarse a través de una red, especialmente por medio del Internet. Tanto los equipos como las redes interactúan de acuerdo con los protocolos que determinan el comportamiento que cada usuario, el que envía y el que recibe, espera

del otro en el proceso de transferencia de información.

RDS (ISDN) Sigla para la Red Digital de Servicios Integrados, la cual actúa como un servicio de conexión digital para los teléfonos y otros dispositivos de comunicación. Una comunicación ISDN (RDS) puede garantizar una velocidad de acceso al Internet relativamente alta (hasta 128.000 bits por segundo).

S

Servicio en línea El servicio pagado de suscripción que proporciona una forma fácil para conectarse al Internet. Un servicio en línea puede tener diferentes características, como transmisión de noticias generales, información financiera o científica, etc., presentadas en un formato organizado. Unos de los servicios en línea más populares en los Estados Unidos, son America Online (AOL) y la red de Microsoft Network (MSN).

Servidor Se denomina con este nombre al equipo o "software" que ofrece "servicio" a otros equipos de una red, al administrar los archivos y las operaciones de red. Los equipos atendidos por un servidor utilizan el "software" de cliente (q.v.). Uno de los "softwares" de cliente más populares es Microsoft Internet Explorer.

Servidores de seguridad "Software" utilizado para impedir el acceso no autorizado a una red de equipos.

"Shareware" Así se denomina el "software" que está a disposición para una prueba gratuita, pero por el cual hay obligación de pagar si se desea continuar utilizándolo. Frecuentemente el "shareware" es desarrollado por compañías pequeñas o programadores individuales con el fin de resolver un problema específico de los equipos o desarrollar una aplicación novedosa. Después de efectuar el pago, el usuario suele recibir documentación complementaria juntamente con el "software".

Sitio   Colección de páginas de Web relacionadas entre sí, situadas en el mismo servidor e interconectadas mediante vínculos.

SLIP   Sigla que identifica el protocolo de interfaz de línea en serie. Tipo de protocolo de acceso telefónico utilizado para conectar un equipo al Internet.

SPAM   Se denominan así las publicaciones electrónicas chatarra o basura, frecuentemente de origen comercial, que se envían indiscriminadamente a los usuarios sin su solicitud ni aprobación.

Subprograma   Programa de "software" escrito en Java™. Los subprogramas son semejantes a las aplicaciones, pero no se ejecutan como una aplicación independiente. Sin embargo, los subprogramas cumplen con un conjunto de convenciones que permiten ejecutarlos dentro de un explorador compatible con Java™.

T

TCP/IP   Abreviatura del protocolo de control de transmisión y protocolo Internet, los dos protocolos que gobiernan la manera en que los equipos y las redes administran el flujo de información que pasa a través de Internet.

Telnet   Se denomina así el programa de emulación de terminal que se utiliza para iniciar una sesión en otro equipo, sobre todo si es un equipo grande, de tipo mainframe, como los que contienen los catálogos en línea de las bibliotecas. Cuando se utiliza Telnet para iniciar una sesión en un catálogo del servidor de una biblioteca, se obtiene acceso a los archivos que constituyen los registros de la biblioteca.

Tiempo real   El tiempo exacto que dura la realización de algo. La interacción en tiempo real no tiene en cuenta los retrasos o las pausas debidas al procesamiento.

U

Usanet   El sistema de boletines electrónicos por medio de los cuales los lectores pueden compartir información, ideas, sugerencias y opiniones.

V

Vínculo   Se dice de la abreviatura de hipervínculo. El vínculo hace referencia a una zona activa de un documento Web y generalmente se resalta con un color distinto al del texto que lo rodea. Es posible hacer clic en los vínculos para abrir un objeto de la misma base de datos o de otra diferente, de un programa distinto, de una página HTML de el Web o de una intranet.

Virus Se dice de los programas malintencionados creados por personas anónimas para "infectar" los equipos personales. Por esa razón el virus se activa al ejecutar el programa infectado. Un virus puede residir de forma pasiva, durante algún tiempo, dentro del equipo sin que el usuario se entere y propagarse a otras ubicaciones, pero otras veces se ejecuta inmediatamente. Los virus pueden producir diversos efectos, desde la aparición de mensajes fastidiosos pero inofensivos hasta la destrucción de archivos del disco duro del equipo. Se propagan al transferir archivos de un equipo a otro mediante un disco o a través de una red (incluído el Internet). Para protegerse contra los virus, el usuario podrá utilizar programas antivirus actualizados, de venta en el mercado, mediante una descarga desde múltiples sitios de Internet.

VRML De esta manera se identifica el lenguaje de modelado de realidad virtual; un conjunto de códigos utilizados para escribir los archivos de los programas tridimensionales de realidad virtual.

W

Web Abreviatura de World Wide Web.

World Wide Web Se dice de la red de alcance mundial. Todo el conjunto de contenido multimedia conectado mediante hipervínculos y que proporciona una interfaz gráfica de fácil manejo para explorar el Internet.

Indice

A

D

E

F

K

"Keyword", en America Online (AOL), 22

L

Lycos, 113–115

M

Macintosh, computadoras, 14
marcadores ("Bookmarks")
   en America Online, 20–21
   en Internet Explorer 5.0, 56–58
   en Netscape Communicator 4.0, 72–73
marcos ("Frames")
   en Netscape Communicator 4.0, 66
cómo trabajar con, 67–69
mensajero instantáneo de America Online, 26–29
   cómo obtener una copia del, 26
   cómo recibir mensajes con el, 30–32
   cómo usar el, 27–29
módem, 3, 245
   problemas de, 250–255
   puertos seriales para, 246–249
   servicio de llamadas en espera ("Call Waiting") y, 255
Mosaic, 3, 45
motores de búsqueda ("Search Engines"), 107–118
   AltaVista, 110–112
   cómo escribir el pedido de información en, 109

R

S

T

Sobre el autór

Las computadoras siempre le han fascinado a Jaime Restrepo. Nacido en Colombia, se trasladó con sus padres a los Estados Unidos a muy temprana edad. Él tuvo su primer contacto con una computadora en 1980 cuando un hermano mayor trajo a la casa una computadora TSR/80 para ayudarse con sus tareas escolares.

Más tarde, mientras trabajaba como vendedor en Egghead Software, se dio cuenta que el no estaba solo en su busca por una explicación a los conceptos básicos de las computadoras personales sin toda la confusión y la terminología que las rodea.

Restrepo después empezó a vender computadoras en CompUSA, y muy pronto llego a ser el vendedor número uno. Fue en este sitio que Restrepo decidió poner su conocimiento para hacer un manual fácil de entender, escrito desde el principio en español, como una introducción a las computadoras personales.

En 1995, mientras ayudaba a William F. Buckley Jr. con su programa Windows 3.1, Restrepo le mostró su manuscrito. Buckley, que habla muy bien el español, se quedó impresionado y les presento a Restrepo a los editores de la casa editorial Random House. El manual es el primer libro de computadoras escrito en español destinado al público hispano publicado por Random House Español.

Jaime Restrepo acaba de terminar su cuarto libro, *Computadoras para todo*s y además trabaja como asesor de computadoras independiente.